Serap Ağaya

Özel Öğretim Kurumlarında Muhasebe ve Vergilendirme Sistemi

Serap Ağaya

Özel Öğretim Kurumlarında Muhasebe ve Vergilendirme Sistemi

Türkiye Alim Kitapları

Impressum / Künye
Bibliografische Information der Deutschen Nationalbibliothek: Die Deutsche Nationalbibliothek verzeichnet diese Publikation in der Deutschen Nationalbibliografie; detaillierte bibliografische Daten sind im Internet über http://dnb.d-nb.de abrufbar.

Deutsche Nationalbibliothek tarafından yayınlanan bibliyografik bilgiler: Deutsche Nationalbibliothek, bu yayını Deutsche Nationalbibliografie'de listeler; detaylı bibliyografik bilgi İnternet'te http://dnb.d-nb.de sitesinde mevcuttur.

Coverbild / Kitap kapağı resmi: www.ingimage.com

Verlag / Yayıncı:
Türkiye Alim Kitapları
ist ein Imprint der / yayınevinin bir ticari markasıdır
OmniScriptum GmbH & Co. KG
Bahnhofstraße 28, 66111 Saarbrücken, Deutschland / Almanya
Email / E-posta: info@turkiye-alim-kitaplary.com

Herstellung: siehe letzte Seite /
Basım yeri: son sayfaya bakın
ISBN: 978-3-639-81320-3

ÖNSÖZ

Rekabetin çok yoğun olduğu günümüzde, toplumların bu rekabette galip gelmesi için en önemli araçlardan biri şüphesiz eğitimdir. İnsanın olduğu her alanda var olan eğitim, nihai şeklini okullarda almaktadır. Okullarda verilen eğitim ise artık yalnız devlet eliyle gerçekleştirilmemekte, özel teşebbüs eğitim alanında kendini daha fazla göstermektedir. Dolayısıyla özel okullar, hem ülkemizde hem de dünyanın birçok yerinde eğitim denilince akla gelen kurumlardan olmaya başlamıştır.

Devlet okullarından farklı olarak özel okullar, verdiği eğitim öğretim hizmetinin yanı sıra, devlete vergi ödeyen kurumlardır. Dolayısıyla devlet, verilen eğitimin niteliğini ve kalitesini kontrol etmekle birlikte, özel okulları destekleyen ya da özel öğretimi teşvik eden bazı düzenlemeler yapmaktadır. 2012 yılında Erciyes Üniversitesi Sosyal Bilimler Enstitüsü İşletme Bölümünde yüksek lisans tezi olarak kabul edilen bu çalışma Türkiye'de özel öğretim alanında geçerli olan vergi ve muhasebe uygulamalarını konu almaktadır.

Çalışmaya başlamam ve bu konuda yüksek lisans tezi yazmam için en önemli katkı yüksek lisans tez danışmanım ve değerli hocam Yrd. Doç. Dr. Murat Esmeray'a aittir. Bu konuda bana yol gösterdiği ve çalışmamın her aşamasında destek olduğu için değerli hocama teşekkürlerimi sunuyorum. Ayrıca, ihtiyacım olan her zaman, vakitlerini ayırarak beni yönlendiren ve bana yardımcı olan değerli hocam Sayın Yrd. Doç. Dr. Ahmet Somuncu'ya, çalışmamın en başından sonuna kadar desteğini esirgemeyen değerli hocam Sayın Yrd. Doç. Dr. Ali Değirmendereli'ye teşekkürlerimi sunarım. Çalışmalarım sırasında büyük fedakârlık ve sabır gösteren, bana her zaman destek olan çok kıymetli anneme, babama ve her fırsatta beni motive eden sevgili kardeşim Arife Ağaya'ya sonsuz teşekkürler sunuyorum.

Serap AĞAYA

Kayseri, Mart 2016

İÇİNDEKİLER

TABLOLAR LİSTESİ

KISALTMALAR

ETB	: EURYDICE Türkiye Birimi
GKD	: Gelirler Kontrolörleri Derneği
GVK	: Gelir Vergisi Kanunu
KDV	: Katma Değer Vergisi
KVK	: Kurumlar Vergisi Kanunu
MEB	: Milli Eğitim Bakanlığı
Sgb	: Strateji Geliştirme Başkanlığı
TED	: Türk Eğitim Derneği
VUK	: Vergi Usul Kanunu

GİRİŞ

Günümüzde teknolojinin baş döndürücü bir hızla geliştiği ve değişimin her alanda yaşandığı yadsınamaz bir gerçektir. Değişime ayak uydurmanın ve gelişen teknolojiyi yakalamanın en önemli ve en kısa yolu, bilgiye ulaşmaktır. Bilgiye ulaşmanın yolu ise eğitimden geçmektedir.

Eğitim, toplumların birbirine üstünlük sağlaması noktasındaki en önemli araçtır. Bütün toplumlar, gelişmiş ya da gelişmekte olan ülkeler eğitimin önemini kavramıştır ve politikalarını o doğrultuda geliştirmektedir.

Eğitim toplumsal kalkınmanın lokomotifi konumundadır. Ülkelerin zenginliği her bakımdan eğitilmiş, teknolojiyi kullanabilen, yaratıcı insan gücü ile ölçülmektedir. Bilgi üreten ve ürettiği bilgiyi kullanabilen ülkeler "gelişmiş ülke" sayılmaktadır. Bu nedenle eğitim, gelişmiş ülke olarak nitelendirilebilmek için yerine getirilmesi gereken en önemli adımdır.

Eğitim en genel tanımıyla bireyde davranış değiştirme sürecidir. Zaman içerisinde bireylerin yalnız davranışları değil, algıları da değişmiştir. Dolayısıyla önceleri sadece devlet işi olarak görülen eğitim, günümüzde özel sektör tarafından da yerine getirilen bir hizmet haline gelmiştir.

Eğitim sadece eğitim alan bireye fayda sağlamakla kalmaz, toplumun geri kalanı açısından da olumlu dışsallıklara sahiptir ve sahip olduğu bu dışsallıklar eğitimi, diğer alanlardan ayırmaktadır. Eğitim, yarı kamusal hizmet sayılmaktadır. Fiyatlandırılabilir, faydası toplumun bireyleri arasında bölünebilir olmasından dolayı hem devlet hem de özel sektör tarafından üretilebilmektedir.

Özel sektörün eğitim alanında faaliyet göstermesi, başka bir ifadeyle özel öğretim kurumlarının açılması cumhuriyet öncesi döneme kadar uzanmaktadır. Osmanlı döneminde faaliyet gösteren hatta o dönemde açılan ve günümüzde hala faaliyetine devam eden özel okullar mevcuttur. Ayrıca imparatorluk döneminde yapılan özel okullara yönelik yasal düzenlemelere de rastlamak mümkündür.

Eğitimin toplumsal açıdan son derece önemli olması, özel eğitim öğretim kurumlarını diğer özel sektör kuruluşlarından farklı bir yere koymaktadır. Özel okullar bir anlamda devletin yapmak zorunda olduğu işi üstlenen kurumlardır. Çünkü devlet o öğrencilere eğitim vermekle yükümlüdür. Özel okullar, devletin okutmak zorunda olduğu öğrencileri okutmakla birlikte, öğretmenlerine de istihdam sağlamaktadır. Bunu yaparken de devlete vergi ödemektedir.

Gerek devlet gerekse toplum açısından bu derece önemli ve özelliği olan bir sektörün devlet tarafından da desteklenmesi gerekmektedir. Devlet her şeyden önce, eğitim sektörünün farklı ve özel bir konumda olduğunu fark etmeli ve yasalarını ona göre düzenlemelidir.

Eğitimin öneminin artması ile özel öğretim kurumlarının öneminin de arttığını söylemek mümkündür. Türkiye'de özel öğretimin önemi son yıllarda kavranmaya başlanmıştır ve bu amaçla özel okullara yönelik yasal düzenlemeler yapılmıştır. Devletin özel okulları desteklemeye yönelik yapacağı düzenlemelerin en önemlisi ve en başvurulan yöntem vergisel teşviklerdir.

Ülkemizde, özel okullara yönelik teşvik niteliğindeki avantajlara geçmiş yıllarda rastlanmaktadır, günümüzde geçerli olan teşvikler bulunmaktadır ve muhtemelen ilerleyen yıllarda da bu tür düzenlemeler var olacaktır. Bu noktada tartışılması gereken konu ise yapılan teşviklerin ve diğer uygulamaların yeterli olup olmadığı, özel okulların istek ve ihtiyaçlarına ne derece cevap verdiği yönündedir.

Çalışmamızın amacı, özel okullara yönelik vergisel uygulamaların ve var olan teşviklerin açıklanmasıdır. Çalışma kapsamında Kayseri'de faaliyet gösteren bir özel okula ait muhasebe uygulamalarına da yer verilecektir. Uygulamadaki amacımız ise, bu kurumlar açısından özellikli olan durumların, muhasebe uygulamalarıyla gösterilmesi ve tespit edilen sorunlara yönelik çözüm önerileri sunulmasıdır.

Özel okullar devlete vergi ödeyen kurumlardır ve ödenecek vergi miktarının belirlenmesi için muhasebe kayıtlarının yapılması, dönem başı, dönem içi ve dönem sonu envanter işlemlerinin tamamlanması gerekmektedir. İşletmenin gelir ve giderlerinin düzenli ve sistematik bir biçimde kayıt altına alınması şarttır. Uygulamamızda bu süreçlere yönelik açıklamalar ve kayıtlara yer verilecektir. Ayrıca vergilendirme açısından özellikli olan durumların muhasebe kayıt örnekleriyle birlikte açıklanması amaçlanmaktadır.

Çalışmamız üç bölümden oluşmaktadır. Birinci bölümde, genel anlamda eğitime ve Türk Milli Eğitim Sistemine yönelik açıklamalar yapıldıktan sonra, özel okulların tarihsel gelişiminde başlayarak günümüze kadar geçirdiği aşamalar, yasal düzenlemeler çerçevesinde açıklanacaktır. Ayrıca Türkiye'de ve uygulamanın Kayseri'de yapılması dolayısıyla, Kayseri'de özel okullara yönelik sayısal veriler (okul, öğretmen ve öğrenci sayıları gibi) bu bölümde yer alacaktır. Dünyada bazı gelişmiş ülkelerdeki eğitim sistemlerinden ve özel okullardan kısaca bahsedilecektir.

İkinci bölümde, özel öğretim kurumlarının vergilendirilmesine yönelik açıklamalar yapılacaktır. Özel öğretim kurumları; Gelir, Kurumlar ve Katma Değer Vergisi açısından ele alınacak, bu Kanunlarda yer alan ve özel öğretim kurumlarına yönelik olan düzenlemeler, varsa istisnalar ve diğer teşvikler tek tek açıklanacaktır.

Üçüncü bölümde, Kayseri'de faaliyette bulunan bir özel öğretim kurumunda yapılan muhasebe uygulamasına yer verilecektir. Çalışma kapsamında X Özel Okulları adıyla anılacak olan kurumun uygulamaları, dönem başı, dönem içi ve dönem sonu envanter işlemleri açısından ayrı ayrı ele alınacak olup örnek yevmiye ve büyük defter kayıtları kullanılarak özellikli durumlar açıklanacaktır.

Çalışmanın kapsamı, özel ilköğretim ve özel ortaöğretim okulları ile sınırlandırılmış, özel okul öncesi eğitim, özel yüksek öğretim okulları ile diğer kurumlar (dershaneler, özel kurslar vb...) bu kapsamın dışında bırakılmıştır.

I. BÖLÜM

TÜRKİYE'DE EĞİTİM SİSTEMİ VE ÖZEL OKULLAR

1.1. EĞİTİM KAVRAMI VE EĞİTİMİN AMAÇLARI

Eğitim insanlığın ilk var oluşundan başlayarak günümüze kadar devem eden bir olgudur. İlkel toplumda toplayıcılık ve avcılık ile yiyecek sağlayan ve bunları bulamayacağı zamanlar için biriktirip saklayan, doğa koşullarına göre giyinme ve barınma ihtiyaçlarını karşılayan insanoğlu, zamanla üretim tekniklerini geliştirmiş, daha fazla üretmeye başlamış ve ürettiklerin fazlasını diğer insanlarla değiştirerek gereksinimlerini karşılamışlardır. Günümüz üretim süreçlerinin yanında çok basit kalsa da o dönemlerde de insanoğlu kendi ihtiyaçlarına cevap verebilecek teknikler geliştirmiştir. Yani ilkel zamanlarda da öğrenme var olmuştur. Öğrenmenin gerçekleştiği her durumda insan davranışlarını değiştiren bir eğitim sürecinden bahsedilebilir. Uygar toplumlarda ise eğitim kurumsallaştırılarak okullarda verilmeye başlamıştır.

En kısa tanımıyla eğitim, bireye bilgi, beceri kazandırma, bireyin topluma uyumunu sağlama sürecidir. Zaman içerisinde eğitim farklı şekillerde tanımlanmıştır. Burada eğitim kavramına yönelik açıklamalara ve eğitimin amaçlarına yer verilecektir.

1.1.1. Eğitim Kavramı

Bilgi, günümüzde en önemli kavram haline gelmiştir. Bilgiye ulaşmanın yolu ise eğitimden geçmektedir. Eğitim, insanlık tarihi kadar eski bir olgu olup, gerek birey olarak gerekse toplum olarak hayatı sürdürebilmenin en önemli şartıdır. İnsanoğlu, yeryüzünde yaşadığı ilk günden başlayarak hem eğitilen hem de eğiten varlık olmuştur. Eğitim ailede başlar, sokakta, okulda, iş yerlerinde devam eder. Yani eğitim devam eden bir süreçtir.

Eğitim kelimesi eski Türkçe' de "terbiye" kelimesi ile ifade edilmekteydi (Özkan, 2006, s. 35). Eğitim sözcüğü ise, 1950'li yıllardan itibaren kullanılmaktadır. Eğmek fiilinden türetilmiş olan eğitim kavramı, bükmek, uygulamak, öğretmek, yetiştirmek, geliştirmek, alıştırmak, yönlendirmek gibi anlamlara gelmektedir. Eğitim sözcüğünün batı dillerindeki karşılığı Latince "educere" sözcüğü olup, bakım ve yetiştirme anlamlarına karşılık gelir. İngilizce de ise "educate" sözcüğü ile ifade edilen kavram, terbiye etmek, okutmak, yetiştirmek anlamlarındadır (Şişman, 2006, s. 4-5).

Eğitim, genel anlamda bireyde davranış değiştirme sürecidir. Farklı görüşler olmasına karşın eğitimciler, eğitimi, bir değişim süreci olarak görmektedir. En bilinen tanımıyla eğitim, bireyin davranışlarında, kendi yaşantısı yoluyla ve kasıtlı olarak olumlu ve istendik yönde değişiklik oluşturma sürecidir (Topçu, 2007, s. 19). Bu tanımında da eğitimin değişim boyutuna vurgu yapılmıştır. Zaman içerisinde eğitim kavramına yönelik olarak çeşitli tanımlamalar geliştirilmiştir. Yapılan bu tanımlardan bazılarında eğitimin genel ve kapsamlı anlamı, bazılarında ise daha çok belirli bir plan ya da program uygulanarak gerçekleşen anlamı öne çıkarılmıştır. Eğitimle ilgili olarak yapılan tanımlamalardan başlıcaları şu şekildedir (Demirel ve Kaya, 2008, s. 5).

- Eğitim, geniş anlamda bireyin toplum standartlarını, inançlarını ve yaşam yollarını kazanmasında etkili olan tüm sosyal süreçlerdir.
- Eğitim, kişinin yaşadığı toplum içinde değeri olan, yetenek, tutum ve diğer davranış biçimlerini geliştirdiği süreçlerin tümüdür.

- Eğitim, seçilmiş ve kontrollü bir çevrenin özellikle de okulun etkisi altında sosyal yeterlik ve en iyi şekilde bireysel gelişmeyi sağlayan sosyal bir süreçtir.
- Eğitim, önceden saptanmış ilkelere göre insanların davranışlarında belli gelişmeler sağlamaya yarayan planlı etkinlikler dizgesidir.
- Yeni yetişen kuşakların, toplumsal yaşama hazırlanırken gerekli bilgi, beceri ve kişilik kazanmalarıdır (Şişman, 2006, s. 6).
- Toplumun kültürel muhtevasını kuşaktan kuşağa aktaran bir süreçtir.
- Çağdaş anlamda eğitim, davranış değişimi, bireyin belirli hedefler yönünde maksatlı olarak kendi yaşantısı yoluyla davranışlarını değiştirmesi, bireysel yeteneklerin çeşitli yönlerden birey ve toplum için uygun ve dengeli olarak geliştirilmesidir (Ozansoy, 2009, s. 19).

Eğitim kavramı için daha fazla sayıda tanım vermek mümkündür ancak bütün tanımlar bazı noktalar etrafında birleşmektedir. Eğitimle ilgili yapılan bütün tanımlardaki ortak noktalar şunlardır: eğitim bir süreçtir, eğitim sonunda bireyde bir değişme olmalıdır, bu değişme istendik yönde olmalıdır, eğitimde bir amaç ya da kazanım vardır, eğitim bireyi geliştirir, hayata hazırlar, eğitim kalıcı olmalıdır, eğitim bireye bilişsel, duyuşsal ve devinişsel beceriler kazandırır (Yeniad, 2006, s. 13-14). Ayrıca eğitim kavramını insan, süreç kültür, yaşantı, formal ve informal eğitim kavramlarıyla birlikte düşünmek gerekir. Formal eğitim, okullarda yada kurumlarda bir plan ya da program uygulanarak gerçekleştirilen eğitimdir. İnformal eğitim ise, belirli bir plan yada program uygulanmadan yaşam içinde kendiliğinden gerçekleşen eğitimdir.

Eğitim kavramı birkaç felsefi görüş açısından da ele alınabilir. İdealist anlayışa göre eğitim; özgür ve bilinçli insanoğlunun Allah'a olan yükseltici uyum çabalarının bitimsiz sürecidir. Realist anlayışa göre eğitim; yeni kuşaktaki bireylere kültürel mirası aktararak, onları yetişkinler toplumuna uyuma hazırlama sürecidir. Pragmatist anlayışa göre eğitim; bireyi yaşantılarını yeniden inşa etme yoluyla yetiştirme sürecidir (Ozansoy, 2009, s. 20). Tarihte farklı düşünürler eğitim kavramını farklı algılamış ve farklı tanımlamışlardır. Örneğin, Aristo eğitimi, bireyin ahlaki davranışlar kazanma aracı olarak görürken, Çiçero, insan zihninin disipline edilmesi, Dekart aklı doğru kullanmasını öğrenmek, Rousseau, doğuştan insanda bulunmayan ve yetişkinler tarafından kazandırılan her şey olarak tanımlamıştır. Kant da insanın eğitim sayesinde insan olabileceğini ileri sürmüştür (Şişman, 2006, s. 5).

Türk Dil Kurumu tanımlarında ise eğitim, "Çocukların ve gençlerin toplum yaşayışında yerlerinin almaları için gerekli bilgi, beceri ve anlayışları elde etmelerine, kişiliklerini geliştirmelerine okul içinde veya dışında doğrudan veya dolaylı yardım etme" olarak yer almıştır.

1.1.2. Eğitimin Amaçları

Eğitim, belirli amaçları gerçekleştirmek için yapılan faaliyetler bütünüdür. Eğitimin amaçları, zamana, toplumlara, ülkelerin yönetim ve eğitim felsefelerine göre değişebilir. Tarihte bunun örneklerine rastlamak mümkündür. Örneğin Batıda Eski Yunan'da ve Roma'da eğitimin temel amacı, siyasi otoriteye bağlı vatandaşlar yetiştirmek olarak görülürken, Ortaçağ eğitiminde bütünüyle dini bir amaç güdülmüş, Rönesans'tan sonra ise eğitim, laik ve seküler (dünyevi) bir özellik kazanmış, genel amaç, birey için mutlu bir yaşam hazırlamak biçiminde düşünülmüştür (Şişman, 2006, s.179).

Eğitimin amaçları, toplumun genel amaçlarından ayrı düşünülemez. Çünkü ülkeler belirli amaçları gerçekleştirebilmek için nesiller yetiştirirler ve bu amaçlarını eğitim yoluyla bireylere yansıtırlar. Ayrıca eğitimin amaçları durağan bir yapıda değildir, değişen beklenti ve ihtiyaçlarla yeniden yorumlanır ve şekillendirilirler. Her şeyin çok hızlı bir değişim içine olduğu günümüzde, değişime uyum sağlamanın en etkin yolu olarak değerlendirilen eğitimin ve onun amaçlarının sabit kalması, güncel şartlara uyumlaştırılamaması düşünülemez.

Türkiye'de eğitim sisteminin amaçları 1739 Sayılı Milli Eğitim Temel Kanunu'nun 2'nci ve 3'üncü maddelerinde, genel amaçlar ve özel amaçlar olmak üzere iki başlık altında düzenlenmiştir. Adı geçen kanuna göre Türk Milli Eğitiminin Amaçları;

Türk Milli Eğitiminin genel amacı, Türk Milletinin bütün fertlerini,

- Atatürk inkılap ve ilkelerine ve Anayasada ifadesini bulan Atatürk milliyetçiliğine bağlı; Türk milletinin milli, ahlaki, insani, manevi ve kültürel değerlerini benimseyen, koruyan ve geliştiren; ailesini, vatanını, milletini seven ve daima yüceltmeye çalışan, insan haklarına ve Anayasanın başlangıcındaki temel ilkelere dayanan demokratik, laik ve sosyal bir hukuk devleti olan Türkiye Cumhuriyeti'ne karşı görev ve sorumluluklarını bilen ve bunları davranış haline getirmiş yurttaşlar olarak yetiştirmek;
- Beden, zihin, ahlak, ruh ve duygu bakımlarından dengeli ve sağlıklı şekilde gelişmiş bir kişiliğe ve karaktere, hür ve bilimsel düşünme gücüne, geniş bir dünya görüşüne sahip, insan haklarına saygılı, kişilik ve teşebbüse değer veren, topluma karşı sorumluluk duyan; yapıcı, yaratıcı ve verimli kişiler olarak yetiştirmek;

- İlgi, istidat ve kabiliyetlerini geliştirerek gerekli bilgi, beceri, davranışlar ve birlikte iş görme alışkanlığı kazandırmak suretiyle hayata hazırlamak ve onların, kendilerini mutlu kılacak ve toplumun mutluluğuna katkıda bulunacak bir meslek sahibi olmalarını sağlamak;

Böylece bir yandan Türk vatandaşlarının ve Türk toplumunun refah ve mutluluğunu artırmak; öte yandan milli birlik ve bütünlük içinde iktisadi, sosyal ve kültürel kalkınmayı desteklemek ve hızlandırmak ve nihayet Türk Milletini çağdaş uygarlığın yapıcı, yaratıcı, seçkin bir ortağı yapmaktır.

Çeşitli derece ve türdeki eğitim kurumlarının özel amaçları genel amaçlara ve Türk Milli Eğitiminin temel ilkelerine uygun olarak tespit edilir. Türk Milli Eğitiminin temel ilkeleri şunlardır; genellik ve eşitlik, ferdin ve toplumun ihtiyaçları, yöneltme, eğitim hakkı, fırsat ve imkan eşitliği, süreklilik, Atatürk inkılap ve ilkeleri ve Atatürk milliyetçiliği, demokrasi eğitimi, laiklik, bilimsellik, planlılık, karma eğitim, eğitim kampüsleri ve okul ile ailenin işbirliği, her yerde eğitim.

1.2. TÜRK MİLLİ EĞİTİM SİSTEMİNİN YAPISI VE TARİHÇESİ

Türk eğitim sisteminde, yıllar boyunca önemli değişimler yaşanmıştır. Türk tarihinin ilk dönemlerinden itibaren eğitim alanında, devletin öncülüğü ve liderliği gözlemlenmektedir. Yıllar geçtikçe ve eğitimin öneminin anlaşılmaya başlanmasıyla, eğitim alanında yapılan çalışmalar artmış, eğitim reformları en çok üzerinde durulan konulardan olmuştur.

Günümüzde geçerli ola sisteme göre Türk Mili Eğitimi, örgün eğitim ve yaygın eğitim olmak üzere iki kısımdan oluşmaktadır. Burada ilk olarak Türk eğitim tarihi ile ilgili bilgiler verilecek, daha sonra örgün eğitim ve yaygın eğitim hakkında açıklamalar yapılacaktır. Ayrıca Milli Eğitim Bakanlığı tarafından açıklanan bilgiler ışığında sayısal olarak eğitim göstergelerine yer verilecektir.

1.2.1. Türk Eğitim Sisteminin Tarihçesi

Türkiye'nin eğitim tarihi incelenirken, bu süreci, "Cumhuriyet Öncesinde Eğitim" ve "Cumhuriyet Döneminde Eğitim" olarak iki kısma ayırmak mümkündür. Eğitim tarihi alanında yapılan bütün çalışmalarda, Türk Eğitim Sistemi yukarıda belirtilen sınıflandırma çerçevesinde açıklanmıştır.

Çalışmamız kapsamında aynı yöntem izlenmiş ve eğitim sisteminin tarihçesi iki bölümde incelenmiştir. Gerek Osmanlı döneminde gerekse Cumhuriyet döneminde eğitim alanında yapılan çok sayıda düzenleme mevcuttur ve bu düzenlemelerin bir kısmı genel anlamda eğitime yönelik olup bir kısmı tamamen özel öğretime yöneliktir. Aşağıdaki bölümlerde, bu gelişmelerden bahsedilirken kronolojik sıra takip edilmiş, özel öğretim ve eğitime ilişkin düzenlemeler bir arada açıklanmaya çalışılmıştır.

1.2.1.1. Cumhuriyetten Önce Eğitim Sistemi:

Osmanlı döneminde en belirgin eğitim kurumları, sıbyan mektepleri, medreseler ve Enderun mektebidir. Sıbyan mektepleri, imparatorluğun en yaygın eğitim kurumlarıydı. Bu okullar, genellikle sultan veya yüksek dereceli devlet yöneticileri tarafından bir camiye bağlı olarak külliye biçiminde ya da bağımsız olarak kurulurdu. Medreseler, vakfa dayanan kurumlardı ve genellikle cami, misafirhane ve başka hayır kurumlarından oluşan külliyenin öğesiydi. Bu okullar, geniş ölçüde vakıf statüsüne dayanması nedeniyle, devletin gözetim ve denetiminde olmasına karşın resmi okul olmaktan çok özel okul görünümündedir (Uygun, 2003, s. 108).

Ayrıca medreseler vakıflar tarafından kurulup, finansmanı, öğretmen temini, ders araç ve gereçlerinin sağlanması, öğrencilerin barınması gibi giderleri vakıflar tarafından vakıflar tarafından karşılanmaktaydı. Dolayısıyla sıbyan mektepleri ve medreselerin Türk eğitim tarihindeki ilk özel okul örnekleri olduğunu söylemek mümkündür. Enderun mekteplerinde ise, esas olarak Hıristiyan ailelerden toplanan zihinsel ve fiziksel açıdan üstün niteliklere sahip çocukların iyi ve güvenilir üst düzey yönetici ve asker olarak yetiştirilmeleri amaçlanmıştır (E.T.B. 2007, s.24).

İmparatorluk döneminde eğitim alanında yapılan ilk köklü reform, 1824 yılında, II. Mahmut zamanında ilköğretimi (Sıbyan Mektebi) zorunlu kılan bir fermanın çıkarılmasıyla olmuştur (Çiftçi, 1995, s. 49). Bu fermanla getirilen zorunluluk sadece İstanbul'da yaşayan kesime ve erkeklere yöneliktir. II. Mahmut 1826 yılında çıkardığı fermanla taşralı çocuklar için de aynı zorunluluğu getirmiştir (Türk ve Katırcı, 2010, s. 5). İlköğretim zorunluluğu getiren bu fermanlar 1839 yılına kadar uygulanmıştır. 1839 yılında Tanzimat Dönemi başlamaktadır.

Türk eğitim tarihi incelendiğinde, Tanzimat'tan önceki tarihlerde Türklerin, özel okulculuk yönünden hiçbir çalışma yapmadıkları görülmektedir (Çelik, 2006, s. 8). Özel okullar Batılılaşma hareketinin başlangıcı sayılan Tanzimat'la birlikte yaygınlaşmaya başlamıştır. Ancak, 1839 tarihli Tanzimat Fermanı'nda eğitimle ilgili bir kelime bile bulunmamaktadır (Akyüz, 1999, s. 139). Özel okulların kapsamlı olarak ilk kez yer aldığı belge 1856 tarihli Islahat Fermanı'dır. Islahat Fermanı'nda yer alan; "*Osmanlı tebaasına dahil olan herkes mekteplerin yönetmeliği dışına çıkmamak suretiyle gerek yaşça ve gerek yapılan kabul imtihanı sonucunda gereken şartları haiz oldukları takdirde cümlesi birbirinden ayrılmaksızın Osmanlı devletinde açık bulunan ve tedrisat yapan askeri ve sivil mekteplere alınmaları iradi-i Padişah iktizasıdır. Bundan başka her bir cemaat, maarif ve harf ve sanayie dair milletçe mektepler yapmaya izinlidir. Fakat bu çeşit mekatib-i umumiyyenin ders verme şeklini ve muallimlerini seçme işi, üyeleri padişah tarafından seçilmiş Türk ve ekalliyet bilginlerinden karma bir Meclis-i Maarifin nezaret ve teftişi altında olacaktır*" ifadesi azınlıklarca açılacak özel okullarla ilgili olarak bazı esaslar getirmektedir (Çelik, 2006, s. 9).

Tanzimat sonrasında Osmanlı eğitim sisteminde okul yapılanması açısından çeşitlilik ve düzensizlik söz konusudur. Bu dönemde medrese, mektep gibi geleneksel okulların yanı sıra, rüştiye, idadi gibi devlete bağlı okullara ve Müslüman olmayan cemaatlerce açılan okullara rastlamak mümkündür. Bu dönemde devlet, eğitim verme sorumluluğunu memur ve asker yetiştirmekle sınırlandırmıştır. Bunun doğal sonucu olarak çeşitli dini gruplar ve topluluklar, eğitimlerini kendileri sağlama yoluna gitmişlerdir. Bu durum, özel okulların yaygınlaşmasını pekiştirmiştir. Özellikle azınlıklar ve yabancı devletler, Osmanlı sınırları içinde, kapitülasyonlar yoluyla verilen ayrıcalıklar nedeniyle, kısa zamanda ve çok sayıda özel okul açmışlardır (Uygun, 2003, s. 108-109).

Tanzimat'ın ilanıyla birlikte Osmanlı Devleti sınırları içinde en hızlı yaygınlaşan okullar, yabancı ve azınlık okullarıdır. Tanzimat döneminde Türklerin yaptığı özel öğretim, açtıkları okullar hakkında bilgi bulunamamıştır. Girişimler varsa bile, bunların henüz çok az olduğu sanılmaktadır. Bu dönemde Türklerin paralı özel okul açmamalarının sebebi, yeni ortaya çıkan, ticari amaçlı para kazanmak için okul açma düşüncesini yadırgamaları olabilir (Akyüz, 1999, s.152).

Maarif-i Umumiye Nizamnamesinin yayımlanması ve Maarif Nezaretinin kurulması Tanzimat döneminde eğitim alanında yaşanan en önemli gelişmelerdir. Dönemin Milli Eğitim Bakanlığı olan Maarif Nezareti ilk olarak 1857 yılında kurulmuştur (E.T.B., 2007, s. 87). Maarif Nezareti'nin kurulmasıyla özel okullar da devletin denetimi ve gözetimi altında faaliyet göstermeye başlamıştır.

1869 yılında yayımlanan Maarif-i Umumiye Nizamnamesine göre, ilköğretim zorunlu kılınmış ve süresi dört yıl olarak belirlenmiştir. Ayrıca özel öğretim kurumları hukuki dayanağa kavuşarak eğitim sistemi içinde yer almıştır. Maarif-i Umumiye Nizamnamesi'nde okullar, Mekatib-i Umumiye ve Mekatib-i Hususiye olarak ikiye ayrılmıştır ve bu düzenlemeyle günümüzdeki özel okul kavramı ortaya çıkmıştır (Türk ve Katırcı, 2010, s. 174).

1869 Maarif-i Umumiye Nizamnamesi, Türk olsun olmasın Osmanlı tebaasının ve yabancıların özel okul açmaları konusunu 129 ve 130'uncu maddelerinde düzenlemiştir. Bu maddeler özetle bugünkü dile şöyle çevrilebilir (Akyüz, 1999, s. 151):

Madde 129: *Özel Okullar, toplumlar ya da Osmanlı veya yabancı devletlerin tebaası fertler tarafından ücretli veya ücretsiz olarak kurulan okullardır. Masraflarını kurucuları ya da bağlı oldukları vakıfları karşılar. Kurulmalarının şartları şunlardır:*

a) Bu okulların öğretmenlerinin elinde Maarif Nezareti tarafından ya da mahalli maarif idaresi tarafından verilmiş şehadetname bulunması,

b) Bu okullarda terbiye ve ahlak kurallarına ve politikaya (devletin politikası) aykırı ders okutturulmaması ve ders programları ve kitaplarının Maarif Nezareti ya da mahalli maarif idaresi ve vali tarafından tasdik edilmesi,

c) Maarif Nezareti ya da mahalli maarif idaresi ve vali tarafından resmi izin verilmesi,

Madde 130: *Özel okullarda çocukların uygunsuz hareketleri ve tembellikleri nedeniyle dövülmesi ve onlara yakışıksız sözler söylenmesi yasaktır. Bu tür çocuklar özel talimata göre cezalandırılacaktır.*

1876 tarihinde çıkarılan Kanun-i Esasi'nin 114'üncü maddesinde de ilköğretimin zorunlu olduğu hükmü tekrarlanmıştır (E.T.B., 2007, S. 87). Kanuni Esasi'de de özel öğretimle ilgili düzenlemelere de yer verilmiştir. İlk Türk anayasası olan Kanuni Esasi'nin iki maddesi özel öğretimle ilgilidir. Bu maddelerin günümüz dilindeki ifadesi şu şekildedir (Akyüz, 1999, s. 195):

Madde 15: *Öğretim işini herkes özgürce yapabilir; ilgili kanuna uymak şartıyla her Osmanlı vatandaşı genel ve özel öğretim yapmaya izinlidir.*

Madde 16: *Ülkedeki çeşitli dinsel inanışlardaki toplumların din ve inanışlarına ilişkin öğretim yöntemi ve biçimine dokunulmayacaktır.*

Ayrıca 16'ncı maddede ülkedeki tüm mekteplerin devletin denetiminde olduğu da belirtilmiştir.

1915 yılında Mekatib-i Hususiye Talimatnamesi çıkarılmış, bu talimatname ile özel okulların açılış ve işleyişleriyle ilgili usul ve esaslar belirlenmiştir. Talimatname, Cumhuriyet döneminde de uzun yıllar yürürlükte kalmıştır. Talimatname ile yabancı okullar tamamen disiplin altına alınmaya çalışılmış ve yabancıların yeniden okul açmaları bazı esaslara bağlanmıştır (Çelik, 2006, s. 12). Mekatib-i Hususiye Talimatnamesi'ne göre, azınlıklar ancak kendilerinin oturduğu mahalle veya köylerde okul açabileceklerdir. Kendi dilleri öğretim dili olabilir, fakat okullarda Türk dili yanında Türkiye Tarihi ve Coğrafyası Türkçe olarak ve Türk öğretmenlerce okutulacaktır.

Okullar Maarif Nezareti ve mülkiye amirleri tarafından denetlenecektir (Akyüz, 1999, s. 240).

Günümüz özel Türk okullarının ilk örneği Özel Darüşşafaka Öğretim Kurumlarıdır. Halen Darüşşafaka İlköğretim Okulu ve Lisesi olarak faaliyet göstermektedir. 1877 yılında kurulan Terakki Vakfı Okulları ve 1885 yılında Feyz-i Sıbyan adıyla açılan Özel Fevziye Okulları da halen faaliyette bulunan ilk özel Türk okullarıdır (Ata, 2006, s. 25).

1.2.1.2. Cumhuriyet Dönemi Eğitim Sistemi:

Cumhuriyet döneminde, gerek genel olarak eğitim, gerekse özel öğretim alanında birçok gelişme yaşanmış ve düzenlemeler yapılmıştır. Bunlardan ilki, Tevhid-i Tedrisat Kanunu'nun çıkarılmasıdır. 3 Mart 1924 tarihinde çıkarılan ve öğretimin birleştirilmesi anlamına gelen bu yasa ile medreseler kapatılmış, özel okullar da dahil olmak üzere bütün eğitim-öğretim ve bilim kurumları, eğitim işlerinin tek elden yürütülmesi amacıyla Milli Eğitim Bakanlığı'na bağlanmış ve yönetimi ile ilgili tüm düzenlemeler bu bakanlığın yetkisine verilmiştir.

Cumhuriyet döneminde çıkarılan ilk anayasa olan 1924 Anayasası'nın 87'nci maddesinde ilköğretimin Türk vatandaşları için zorunlu olduğu ve devlet okullarında parasız oluşu tekrarlanmıştır.

Cumhuriyetin ilanı ile aynı yıl imzalanan 23 Temmuz 1923 tarihli Lozan Antlaşması'nda yer alan ve eğitimle ilgili olan hükümler daha çok özel okullara yöneliktir. Nitekim 1922 yılında başlayan Lozan görüşmelerinde en çok tartışılan konulardan biri de yabancı ve azınlık okulları konusu olmuştur. Lozan Antlaşması'nda yabancı azınlıkların öğretim haklarıyla ilgili maddeler "Azınlıkların Korunması" başlığı altında toplanmıştır (Uygun, 2003, s. 113). Anılan maddelerle azınlıklara; Rum, Ermeni ve

Yahudilere okul açmak, okulları yönetmek ve denetlemek hakları verilmiştir. Yabancı okullar hakkında ise; 1914 yılına kadar açılmış olan yabancı okulların faaliyetlerine devam etmeleri, ancak yenilerinin açılmasının yasaklanması kararı verilmiştir (Taytak, 2007, s. 27).

Cumhuriyetin ilanından sonra Atatürk 1925 yılı TBMM'nin açılış konuşmasında *"Büyük Millet Meclisi'nin ve Cumhuriyet Hükümeti'nin her alanında büyük gayretler sarf ettiği bilinmekle beraber, tüm vatandaşlarımızın eğitim istek ve arzularını yerine getirmekten uzaktır. Gelecek yıl devletimizin bu hususta gösterebileceği en büyük fedakarlığı yapmasını önemle rica eder, maddi imkanları yerinde olan vatandaşlarımızın çocuklarına sahip çıkmak amacı ile özel teşebbüs tarafından okutulup yetiştirilmesini (özel okul açılmasını) önemle tavsiye ediyorum"* demek suretiyle, özel teşebbüsün eğitim alanında devlete destek sağlamasını istemiştir. Atatürk'ün bu tavsiyesi üzerine 1928 yılında Türk Eğitim Derneği (TED) kurulmuştur. Cumhuriyet döneminde kurulan ilk özel Türk Okulu TED tarafından Ankara'da açılan özel okullardır (Çelik, 2006,s. 22).

1928 yılında Latin harfleri ile oluşturulan Türkçe alfabenin kabul edilmesi bu dönemde eğitim alanında yaşanan önemli bir gelişmedir. Yeni Türk alfabesinin kabulü, azınlık ve yabancı okullarına olan ilgiyi azaltmış, yabancı okullarına devam eden öğrencilerin ve azınlık çocuklarının Türk okullarını tercih etmesi sonucunu doğurmuştur. Sayıları 300'e ulaşan yabancı ve azınlık okullarının büyük bir kısmı kendiliğinden kapanmıştır (Çelik, 2006, s. 18).

1961 yılında 222 Sayılı İlköğretim ve Eğitim Temel Kanunu[1] çıkarılmıştır. Anılan Kanunda, ilköğretimin zorunlu ve devlet okullarında parasız olduğu tekrar edilmiştir. Bu Kanunda getirilen düzenlemeye paralel olarak 1961 Anayasası'nın 50'nci maddesinde, ilköğretimin kız ve erkek bütün vatandaşlar için mecburi ve devlet okullarında parasız olduğu hükmü yer almaktadır.

1961 Anayasası yürürlüğe girene kadar özel okullar da durağan bir gelişim göstermiştir. 1961 Anayasası'nın kabulüyle özel okullarda yeniden ilerleme kaydedilmeye başlanmıştır. 1961 Anayasası'nın 21'inci maddesi doğrudan özel okullarla ilgilidir. Anılan maddeye göre;

"*Herkes bilim ve sanatı serbestçe öğrenme ve öğretme, açıklama, yayma ve bu alanlarda her türlü araştırma hakkına sahiptir.*

Eğitim ve öğretim devletin gözetim ve denetimi altında serbesttir. Özel okulların bağlı oldukları esaslar devlet okulları ile erişilmek istenen seviyeye uygun olarak kanunla düzenlenir. Çağdaş bilim ve eğitim esaslarına aykırı eğitim ve öğretim yerleri açılamaz."

Madde hükmünden anlaşılacağı üzere devletin gözetimi ve denetimi altında olması koşuluyla, eğitim ve öğretim serbest bırakılmıştır.

Cumhuriyet döneminde, özel öğretim alanında yaşanan en önemli gelişmelerden biri 1965 yılına aittir. 1965 yılında, 625 sayılı Özel Öğretim Kurumları Kanunu[2] yürürlüğe girmiştir. Kanun oldukça ayrıntılı hazırlanmıştır. Türk, yabancı, azınlık vb. tüm özel okullar bu kanun çerçevesinde ele alınmıştır. Bu okulların uymak zorunda oldukları genel amaçlar, temel ilkeler, sistem içindeki yerlerinin tayini, görevlendirecekleri öğretmenlerin nitelikleri, okul bina ve tesisleri, eğitim araç ve gereçleri,

---

[1] 12.01.1961 tarih ve 10705 sayılı Resmi Gazete'de yayımlanmıştır.
[2] 18.06.1965 tarih ve 12026 sayılı Resmi Gazete'de yayımlanmıştır.

eğitim ve öğretim alanındaki görev ve sorumlulukları ayrıntılı olarak belirlenmiştir (Uygun, 2003, s. 115). 625 sayılı Kanunda yabancıların ve azınlıkların yeni okul açmaları, okul binası yapmaları yasaklanmıştır (Taytak, 2007, s. 20).

1973 yılında 1739 sayılı Milli Eğitim Temel Kanunu[3] çıkarılmıştır. 1739 sayılı Kanun hala yürürlüktedir. Cumhuriyet döneminde eğitim açısından yapılan başka bir düzenleme, zorunlu eğitim süresini 8 yıla çıkaran 4306 sayılı Kanundur[4].

Günümüzde hala yürürlükte olan 1982 Anayasası'nın 27'nci ve 42'nci maddelerinde eğitim öğretime yönelik hükümlere yer verilmiştir ve Anayasa'da özel öğretim kurumu açılması serbest bırakılmıştır. Bu bağlamda, 1982 Anayasası'nın 27'nci maddesi 1961 Anayasası ile aynı içeriktedir. Anayasa'nın 27'nci maddesine göre; "*Herkes, bilim ve sanatı serbestçe öğrenme ve öğretme, açıklama, yayma ve bu alanlarda her türlü araştırma hakkına sahiptir.*" Ayrıca Anayasa'nın 42'nci maddesinde "*Özel ilk ve orta dereceli okulların bağlı olduğu esaslar Devlet okulları ile erişilmek istenen seviyeye uygun olarak kanunla düzenlenir*" hükmü yer almaktadır.

Zamanla eğitim öğretime bakış açısının değişmesi, özel öğretim kurumlarının giderek yaygınlaşması ve eğitim öğretimin öneminin artmasıyla 625 sayılı Özel Öğretim Kurumları Kanunu özel okulların ihtiyaçlarına cevap veremez hale gelmiştir. 2000'li yıllara gelindiğinde özel okul sahip ve yöneticileri 1965 tarihli Kanunun kendileri açısından yetersiz olduğu konusunda şikayetlerde bulunmaya başlamışlardır. Bu konuda toplantılar, sempozyumlar düzenlenmiştir. Bütün bu gelişmelerin üzerine,

[3] 24.06.1973 tarih ve 14574 sayılı Resmi Gazete'de yayımlanmıştır.
[4] 18.08.1997 tarih ve 23084 sayılı Resmi Gazete'de yayımlanmıştır.

2007 yılında 625 sayılı Kanun uygulamadan kaldırılmış, 5580 sayılı Özel Öğretim Kurumları Kanunu[5] yürürlüğe girmiştir. Günümüzde özel okullar ve diğer bütün özel öğretim kurum kurumları faaliyetlerini 5580 sayılı Kanun hükümleri çerçevesinde icra etmektedir.

Türk Eğitim Sisteminde, en son değişiklik 2012 yılında 6287 sayılı Kanunla[6] yapılmıştır. Anılan yasa, 222 ve 1739 sayılı Kanunlarda değişiklik yapılmasını öngörmektedir. Bu değişiklikler sonucu Türk eğitim sisteminde zorunlu eğitim 12 yıla çıkarılmıştır.

1.2.2. Türkiye'de Eğitim Yapısı ve Yöntemleri

1739 sayılı Milli Eğitim Temel Kanunu'na göre Türk Milli Eğitim sistemi örgün eğitim ve yaygın eğitim olmak üzere iki ana bölümden oluşmaktadır.

Örgün eğitim, okul öncesi eğitimi, ilköğretim, ortaöğretim ve yükseköğretim kurumlarını kapsar ve 1739 sayılı kanunun 19-39'uncu maddelerinde düzenlenmiştir.

Yaygın eğitim, örgün eğitim yanında veya dışında düzenlenen eğitim faaliyetlerinin tümünü kapsar. Yaygın eğitim, adı geçen kanunun 40-42'nci maddelerinde düzenlenmiştir.

1.2.2.1. Örgün Eğitim

Örgün eğitim, belirli yaş grubundaki ve aynı seviyedeki bireylere, amaca göre hazırlanmış programlarla, okul çatısı altında düzenli olarak yapılan eğitimdir (Türk, 1999, s.110). Türk Dil Kurumu Sözlüğü'nde yapılan tanıma göre örgün eğitim, kişilerin hayata atılmadan, iş ve meslek kollarında çalışmaya başlamadan önce okul veya okul niteliği taşıyan

[5] 14.02.2007 tarih ve 26434 sayılı Resmi Gazete'de yayımlanmıştır.
[6] 11.04.2012 tarih ve 28261 sayılı Resmi Gazete'de yayımlanmıştır.

yerlerde, genel ve özel bilgiler bakımından yetişmelerini sağlamak amacıyla belli kanunlara göre düzenlenen eğitimdir.

Örgün eğitimle kastedilen, öğrencilerin okul, dershane gibi eğitim ortamlarına giderek öğretmen gözetiminde ve rehberliğinde eğitim ve öğretim faaliyetlerine katılmasıdır. Örgün eğitim okul öncesi eğitimden başlayarak üniversitenin sonuna kadar yapılan eğitimi kapsamaktadır. Bu eğitim, belirli yıllara, sömestrlere ayrılmakta ve bu dönemleri başarıyla bitiren öğrencilere bir diploma ya da akademik bir derece verilmektedir (Demirel ve Kaya, 2009, s. 11).

Örgün eğitim kurumları; okul öncesi eğitim, ilköğretim, ortaöğretim ve yükseköğretim kurumlarından oluşmaktadır.

Okul öncesi eğitim kurumları, anaokulları ve ilköğretim okullarına bağlı ana sınıflarını kapsayan kurumlardır. Okul öncesi eğitim, mecburi ilköğrenim çağına gelmemiş çocukların eğitimini kapsar. Bu eğitim isteğe bağlıdır.

İlköğretim kurumları; dört yıl süreli ve zorunlu ilkokullar ile dört yıl süreli, zorunlu ve farklı programlar arasında tercihe imkan veren ortaokullar ile imam-hatip ortaokullarından oluşur. Mecburi ilköğretim çağı 6-13 yaş grubundaki çocukları kapsar.

Ortaöğretim, ilköğretime dayalı, dört yıllık zorunlu, örgün ve yaygın öğrenim veren genel, mesleki ve teknik öğretim kurumlarının tümünü kapsar. İlköğretimini tamamlayan ve ortaöğretime girmeye hak kazanmış olan her öğrenci, ortaöğretime devam etmek ve ortaöğretim imkânlarından ilgi, istidat ve kabiliyetleri ölçüsünde yararlanmak hakkına sahiptir.

Yükseköğretim, ortaöğretime dayalı en az iki yıllık yüksek öğrenim veren eğitim kurumlarının tümünü kapsar. Yükseköğretim kurumları;

üniversiteler, fakülteler, enstitüler, yüksekokullar, konservatuarlar, meslek yüksekokulları, uygulama ve araştırma merkezlerinden oluşmaktadır. Yükseköğretim kurumlarında lisans öncesi, lisans ve lisansüstü eğitimler verilmektedir.

1.2.2.2. Yaygın Eğitim

Yaygın eğitim, örgün eğitim sistemine hiç girmemiş, herhangi bir eğitim kademesinde bulunan veya bu kademelerden birinden ayrılmış olan bireylere ilgi ve ihtiyaç duydukları alanda örgün eğitim yanında veya dışında düzenlenen eğitim faaliyetlerinin tümünü kapsar. Türk Dil Kurumu Sözlüğü'nde yapılan tanıma göre yaygın eğitim, örgün eğitim imkanlarından yararlanmamış olanlara, gittikleri okuldan erken ayrılanlara veya meslek dallarında daha yeterli duruma gelmek isteyenlere uygulanan eğitimdir.

Her alanda hızlı bir değişim yaşanan günümüzde, toplumsal algıların da değişime uğradığı gözlenmektedir. Eğitim alanında yaygın olan "eğitimde asıl olanın, okul eğitimi olduğu anlayışı" bugün yerini, "sürekli eğitim" anlayışına bırakmıştır. Burada, gençler için okul eğitiminin değeri azalmamış, fakat öğrenmenin ve eğitimin insanın tüm hayatını içine alan bir süreç olduğu ve olması gerektiği düşüncesi yaygınlaşmıştır.

Yaygın eğitimde esas olan okul binasına gitmek, öğretmen gözetiminde ders yapmak değildir. Yaygın eğitim bu sayılanların dışında kalan eğitim yöntemidir. Televizyon, bilgisayar, internet vb. gibi teknolojik gelişmelere paralel olarak yaygın eğitim imkanları da genişlemiştir. Halk eğitimi, hizmet içi eğitim, uzaktan eğitim, çıraklık eğitimi yaygın eğitim içerisinde yer alan eğitim türleridir.

Yaygın eğitim, örgün eğitim ile birbirini tamamlayacak, gereğinde aynı vasıfları kazandırabilecek ve birbirinin her türlü imkanlarından yararlanacak biçimde bir bütünlük içinde düzenlenir. Yaygın eğitim, genel ve mesleki-teknik olmak üzere iki temel bölümden meydana gelir. Bu bölümler birbirini destekleyici biçimde hazırlanır. Yaygın eğitim kurumları şunlardır: halk eğitim merkezleri, çıraklık eğitimi merkezleri, pratik kız sanat okulları, olgunlaşma enstitüleri, endüstri pratik sanat okulları, mesleki eğitim merkezleri, yetişkinler teknik eğitim merkezleri, özel kurslar, özel dershaneler, eğitim ve uygulama okulları, meslek okulları, bilim ve sanat merkezleri, açık ilköğretim okulu, açık öğretim lisesi (Türk, 1999, s.127)..

1.2.3. Eğitim Göstergeleri

Türkiye'de 4306 sayılı Kanun ile 1997-1998 eğitim öğretim yılından itibaren sekiz yıllık kesintisiz ve zorunlu eğitime geçilmiştir. Bu tarihten itibaren, ilköğretim, ortaöğretim ve yükseköğretim kurumlarında net okullaşma oranlarına ait bilgiler aşağıdaki tabloda yer almaktadır.

Tablo 1: Sekiz Yıllık Kesintisiz Eğitim Sürecinde Okullaşma Oranı

Öğretim Yılı	İlköğretim		Ortaöğretim	Yükseköğretim
1997/1998	84,74		37,87	10,25
1998/1999	89,26		38,87	10,76
1999/2000	93,54		40,38	11,62
2000/2001	95,28		43,95	12,27
2001/2002	92,40		48,11	12,98
2002/2003	90,98		50,57	14,65
2003/2004	90,21		53,37	15,31
2004/2005	89,66		54,87	16,60
2005/2006	89,77		56,63	18,85
2006/2007	90,13		56,51	20,14
2007/2008	97,37		58,56	21,06
2008/2009	96,49		58,52	27,69
2009/2010	98,17		64,95	30,42
2010/2011	98,41		66,07	33,06
2011/2012	98,67		67,37	36,51
	İlkokul	**Ortaokul**		
2012/2013	98,86	93,09	70,06	38,50
2013/2014	99,57	94,52	76,65	39,89
2014/2015	96,30	94,35	79,37	39,49

Kaynak: Milli Eğitim İstatistikleri 2014-2015, http://sgb.meb.gov.tr/istatistik/meb_istatistikleri_orgun_egitim_2014_2015.pdf, Erişim: 12.01.2016.

30.03.2012 tarih ve 6287 sayılı Kanunla 2012/2013 eğitim öğretim yılından itibaren 12 yıllık kademeli zorunlu eğitime geçilmiştir. Anılan kanunla 1739 sayılı Milli Eğitim Temel Kanunu'nda değişiklik yapılmış ve sekiz yıllık kesintisiz ilköğretim eğitimi yerine dört yıllık ilkokul, dört yıllık ortaokul eğitimi verilmesi hükme bağlanmış, "ortaokul" ibaresi kanuna eklenmiştir. Dolayısıyla yukarıdaki tabloda ilkokul ve ortaokullara ait istatistiki veriler ayrı ayrı yer almaktadır (çalışmanın ilerleyen bölümlerinde de bu konudaki istatistikler aynı şekilde aktarılacaktır).

Türkiye'de okullaşma oranı yıllar itibariyle artmaktadır. 8 yıllık zorunlu ve kesintisiz eğitime geçilen ilk yılda %84,74 olan okullaşma oranı, 2011/2012 eğitim öğretim yılında %98,67'ye yükselmiştir. Türkiye 2012 yılında %100 okullaşma oranına çok yaklaşmıştır. İlköğretimde okullaşma oranının artmasına bağlı olarak ortaöğretim ve yükseköğretim seviyesinde de bu oran artmaktadır.

İlkokul ve orta okul ayrımının yapıldığı 2012/2013 eğitim öğretim yılından sonra da okullaşma oranı benzer oranlarda gerçekleşmiştir. Zorunlu eğitimin on iki yıla çıkarılması ortaöğretim okullaşma oranının da artışını gerektirmektedir.

2003 yılından 2015 yılına kadar resmi okul sayılarında, resmi okul öğrenci, öğretmen ve mezun sayılarında meydana gelen değişimler aşağıdaki tablolarda yer almaktadır.

İlköğretim;

Tablo 2: Resmi İlköğretim Okul, Öğrenci, Öğretmen ve Mezun Sayılarının Yıllar İtibariyle Değişimi

Öğretim Yılı	**Okul**	**Öğretmen**	**Öğrenci**	**Mezun**
2003/2004	35.501	367.895	10.318.650	1.112.222
2004/2005	34.937	383.331	10.393.474	1.099.838
2005/2006	34.262	370.316	10.484.845	1.083.361
2006/2007	33.899	381.354	10.633.859	1.102.095
2007/2008	33.227	422.264	10.644.383	1.163.458
2008/2009	32.862	428.429	10.469.932	1.148.238
2009/2010	32.431	458.046	10.644.676	1.153.252
2010/2011	31.899	473.904	10.713.806	1.191.939
2011/2012	31.177	484.161	10.692.329	1.214.410

Kaynak: Milli Eğitim İstatistikleri 2014-2015, http://sgb.meb.gov.tr/istatistik/meb_istatistikleri_orgun_egitim_2014_2015.pdf, Erişim: 12.01.2016

Tablo 3: Resmi İlkokul Okul, Öğrenci, Öğretmen ve Mezun Sayılarının Yıllar İtibariyle Değişimi

Öğretim Yılı	**Okul**	**Öğretmen**	**Öğrenci**	**Mezun**
2012/2013	28.177	282.043	5.593.910	-
2013/2014	28.532	288.444	5.574.916	-
2014/2015	27.544	295.252	5.434.150	-

Kaynak: Milli Eğitim İstatistikleri 2014-2015, http://sgb.meb.gov.tr/istatistik/meb_istatistikleri_orgun_egitim_2014_2015.pdf, Erişim: 12.01.2016

Tablo 4: Resmi Ortaokul Okul, Öğrenci, Öğretmen ve Mezun Sayılarının Yıllar İtibariyle Değişimi

Öğretim Yılı	**Okul**	**Öğretmen**	**Öğrenci**	**Mezun**
2012/2013	16.083	250.833	5.402.692	1.166.004
2013/2014	16.047	259.345	5.296.380	1.230.391
2014/2015	15.858	273.049	5.069.683	-

Kaynak: Milli Eğitim İstatistikleri 2014-2015, http://sgb.meb.gov.tr/istatistik/meb_istatistikleri_orgun_egitim_2014_2015.pdf, Erişim: 12.01.2016

2003-2015 yılları arasında ilköğretim düzeyinde okul, öğrenci ve öğretmen sayıları hakkında yorum yapabilmek için yukarıda yer alan son üç tablodaki verilerin birlikte değerlendirilmesi gereklidir. Bunu nedeni 2012 yılında yapılan kanun değişikliğidir. Çalışmanın daha önceki bölümlerinde belirtildiği üzere 2012 yılında 6287 sayılı Kanunla, 1739 sayılı Milli Eğitim Temel Kanunu'na "*İlköğretim kurumlarının ilkokul ve ortaokul olarak bağımsız okullar hâlinde kurulması esastır*" hükmü eklenmiştir. Dolayısıyla bu tarihten itibaren ilkokullar ve ortaokullar birbirinden bağımsız şekilde kurulmuş ve istatistikleri ayrı ayrı oluşturulmuştur.

Anılan kanun değişikliğinden sonra ilkokullar henüz mezun vermediği için mezun öğrenci sayıları hakkında karşılaştırma yapma imkanımız bulunmamaktadır. 2012-2013 yılından önce ilkokul ve ortaokul öğrencileri, ilköğretim okulu öğrencisi olarak ifade edildiği için tablo 2'de yer alan sayılar ile tablo 3 ve 4'te yer alan sayıların toplamını dikkate almak gerekir. Tabloları bu şekilde değerlendirdiğimizde, öğrenci ve öğretmen sayılarının çok yüksek oranda olmamakla birlikte arttığını görmekteyiz.

Aşağıdaki tablolarda ortaöğretim düzeyinde öğrenci, öğretmen, okul ve derslik sayıları yer almaktadır.

Ortaöğretim;

Tablo 5: Resmi Genel Ortaöğretim Okul, Öğrenci, Öğretmen ve Mezun Sayılarının Yıllar İtibariyle Değişimi

Öğretim Yılı	Genel Ortaöğretim			
	Okul	Öğretmen	Öğrenci	Mezun
2003/2004	2.737	79.545	1.963.998	451.082
2004/2005	2.939	93.209	1.937.055	379.511
2005/2006	3.406	102.581	2.075.617	410.109
2006/2007	3.690	103.389	2.142.218	465.809
2007/2008	3.830	106.270	1.980.452	213.506
2008/2009	4.053	107.789	2.271.900	366.444
2009/2010	4.067	111.896	2.420.691	399.478
2010/2011	4.102	118.378	2.676.123	392.064
2011/2012	4.171	122.716	2.666.066	350.549
2012/2013	3.307	99.196	2.587.161	357.094
2013/2014	2.737	95.785	2.765.681	396.145
2014/2015	2.781	99.707	2.738.673	-

Kaynak: Milli Eğitim İstatistikleri 2014-2015, http://sgb.meb.gov.tr/istatistik/meb_istatistikleri_orgun_egitim_2014_2015.pdf, Erişim: 12.01.2016

Tablo 6: Resmi Mesleki ve Teknik Ortaöğretim Okul, Öğrenci, Öğretmen ve Mezun Sayılarının Yıllar İtibariyle Değişimi

Öğretim Yılı	Mesleki ve Teknik Ortaöğretim			
	Okul	Öğretmen	Öğrenci	Mezun
2003/2004	4.190	39.284	1.049.230	232.101
2004/2005	3.858	40.628	1.101.304	211.103
2005/2006	4.007	41.027	1.181.660	234.839
2006/2007	4.223	42.961	1.243.588	263.489
2007/2008	4.429	43.150	1.263.855	108.032
2008/2009	4.595	53.876	1.563.885	182.254
2009/2010	4.824	64.126	1.817.845	263.034
2010/2011	5.155	68.720	2.070.536	314.015

2011/2012	5.456	70.841	2.085.872	331.787
2012/2013	6.078	133.321	2.251.797	338.872
2013/2014	6.785	153.816	2.457.834	425.898
2014/2015	4.677	167.558	2.712.227	-

Kaynak: Milli Eğitim İstatistikleri 2014-2015, http://sgb.meb.gov.tr/istatistik/meb_istatistikleri_orgun_egitim_2014_2015.pdf, Erişim: 12.01.2016

Genel ortaöğretim okulları sayısı, mesleki ve teknik ortaöğretim okullarına oranla daha düşüktür. Ancak genel ortaöğretim kurumlarında okuyan ve mezun olan öğrenci daha fazladır. Buradan meslek liseleri olarak bilinen, mesleki ve teknik ortaöğretim kurumlarında okul başına öğrenci sayısının başka bir ifadeyle okul mevcudunun daha az olduğu sonucuna ulaşılmaktadır.

1.3. TÜRKİYE'DE ÖZEL ÖĞRETİM

Türkiye'de özel öğretimin çok yaygın olduğunu söylemek güçtür. Çünkü ülkemizde özel okullaşma oranı %2 civarındadır ve bu oran gelişmiş ülkelere göre oldukça düşüktür. Burada, özel okullarla ilgili genel açıklamalar yapıldıktan sonra, Türkiye'de ve Kayseri'de sayısal olarak özel öğretim göstergeleri hakkında bilgi verilecektir.

1.3.1. Özel Okul Türleri

Özel okullar Anayasanın 42'nci maddesinde yer alan; "*Özel ilk ve orta dereceli okulların bağlı olduğu esaslar, devlet okulları ile erişilmek istenen seviyeye uygun olarak kanunla düzenlenir*" hükmüne göre çıkarılan 5580 sayılı Özel Öğretim Kurumları Kanunu ve buna bağlı yönetmelik ve yönergelere göre açılan ve faaliyet gösteren kurumlardır (Türk ve Katırcı, 2010, s. 174).

Özel okullar 5 grupta incelenebilir. Bunlar;

- Özel Türk Okulları,
- Özel Yabancı Okullar,
- Özel Azınlık Okulları,
- Özel Eğitim Okulları,
- Milletlerarası Özel Öğretim Kurumları'dır.

1- Özel Türk Okulları: Türkiye Cumhuriyeti uyruklu gerçek kişiler, özel hukuk tüzel kişileri veya özel hukuk hükümlerine göre yönetilen tüzel kişilerce açılan, okul öncesi eğitim, ilköğretim, özel eğitim ve ortaöğretim özel okullarını ifade etmektedir.

Özel Türk Okulları kapsamında; askeri, emniyet teşkilatına bağlı ve din eğitim öğretimi yapan okullar dışındaki okul öncesi eğitim, ilköğretim, genel lise, Anadolu lisesi, fen lisesi, sosyal bilimler lisesi, Anadolu öğretmen lisesi, spor lisesi, güzel sanatlar lisesi, meslek lisesi gibi okullar yer almaktadır (Türk ve Katırcı, 2010, s. 174).

2- Özel Yabancı Okullar: Yabancı gerçek veya tüzel kişiler tarafından açılan ve varlıkları Lozan Antlaşmasına bağlı olarak karşılıklı yazılan mektuplarla tanınan okullardır.

Osmanlı döneminde de faaliyet gösteren Fransız, Alman, İtalyan, Avusturya ve Amerikalılar tarafından açılan yabancı okullara rastlanmaktadır.

3- Özel Azınlık Okulları: Azınlıkta bulunan Müslüman olmayan cemaatlerce açılan okullardır. Osmanlı döneminde Rum, Ermeni ve Musevi azınlıklar tarafından kurulmuş, Lozan Antlaşması ile güvence altına alınmışlardır. Cumhuriyetten önceki ve sonraki dönemde Rum, Ermeni ve Museviler tarafından açılan çok sayıda okula rastlamak mümkündür.

4- Özel Eğitim Okulları: 5580 sayılı Özel Öğretim Kurumları Kanunu'nun 2'nci maddesine göre özel eğitim okulu, özel eğitim gerektiren bireylere hizmet veren, özel olarak yetiştirilmiş personelin bulunduğu, geliştirilmiş eğitim programlarının uygulandığı özel eğitim kurumlarının ifade etmektedir.

5- Milletlerarası Öğretim Kurumları: Yalnız yabancı uyruklu öğrencilerin devam edecekleri özel öğretim kurumlarıdır. Yabancı uyruklu gerçek ve tüzel kişiler tarafından veya Türk vatandaşlarıyla ortaklık yolu ile 4875 sayılı Doğrudan Yabancı Yatırımlar Kanunu çerçevesinde Bakanlar Kurulu'nun izniyle açılabilir. Türkiye Cumhuriyeti uyruklu gerçek kişiler, özel hukuk tüzel kişileri veya özel hukuk hükümlerine göre yönetilen tüzel kişiler de kendi adlarına aynı amaçla milletlerarası mahiyette özel öğretim kurumu açabilir.

Milli Eğitim Bakanlığı'nın 2014-2015 eğitim öğretim yılına ilişkin verilerine göre, Türkiye'de okul türleri açısından özel okul sayıları Tablo 7'de yer almaktadır.

Tablo 7: 2014-2015 Eğitim Öğretim Yılında Okul Türlerine Göre Özel Öğretim Kurumlarının Sayısı

Okul Türleri	**Öğretim Kurumları**				
	Okul Öncesi Öğretim Kurumları		**Özel İlkokullar**	**Özel Ortaokullar**	**Özel Ortaöğretim Kurumları**
	Özel Okullar Bünyesindeki Ana Sınıfları	*Özel Ana Okulları*			
Türk Okulları	804	1.902	1.150	1.072	1.146
Azınlık Okulları	12	6	26	21	12
Yabancı Okullar	1		1	-	11
Uluslararası Okullar	-	-	-	-	5
Özel Eğitim Okulları	-	-	28	18	-
TOPLAM	817	1.908	1.205	1.111	1.175

Kaynak: Milli Eğitim İstatistikleri 2014-2015, http://sgb.meb.gov.tr/istatistik/meb_istatistikleri_orgun_egitim_2014_2015.pdf, Erişim: 12.01.2016

2014-2015 eğitim-öğretim yılında sayısı en fazla olan özel okul türü Türkler tarafından açılan özel okullardır. Ayrıca özel anaokulları, diğer öğretim kurumlarına göre sayısal olarak daha yüksek orandadır.

1.3.2. Özel Öğretim Kurumlarının Hukuki Yapısı Ve İşleyişi

Özel öğretim kurumları, Türkiye Cumhuriyeti uyruklu gerçek kişiler, özel hukuk tüzel kişileri veya özel hukuk hükümlerine göre yönetilen tüzel kişiler tarafından açılan kurumlardır. Özel öğretim kurumu ifadesi, okul öncesi eğitim, ilköğretim, ortaöğretim, özel eğitim okulları ile çeşitli kursları, uzaktan öğretim yapan kuruluşları, dershaneleri, motorlu taşıt sürücü kursları, hizmet içi eğitim merkezleri, öğrenci etüt eğitim merkezleri, özel eğitim ve rehabilitasyon merkezlerini kapsamaktadır.

Özel öğretim kurumlarında öğretime başlayabilmek için kurum açma izni alınması zorunludur. İzin başvuruları ilgili milli eğitim müdürlüğüne yapılır ve kurum açma izni alınmadıkça kuruma öğrenci kaydı yapılamaz. Kurum açma izni verilmesi, binanın kullanılış amaçlarına ve Bakanlıkça belirlenen standartlara uygun ve yeterli bulunmasıyla birlikte 5580 sayılı Kanun'da sayılan şartların yerine getirilmesine bağlıdır.

Özel öğretim kurumu açacak veya açılmış bir kurumu devralacak olan gerçek kişilerle tüzel kişilerin temsilcilerinde; affa uğramış olsalar bile yüz kızartıcı bir suçtan yahut kasti bir suçtan dolayı altı ay veya daha fazla hapis cezası ile mahkum edilmemiş olma şartı aranır.

Özel öğretim kurumlarında eğitim-öğretim ve yönetim, 1739 sayılı Milli Eğitim Temel Kanunu'nda ifade edilen Türk Milli Eğitiminin temel amaç ve ilkelerine uygun olarak yürütülür. Kurumlarda uygulanacak öğretim programı ve haftalık ders çizelgesi, resmi kurumlarda uygulanan usul ve esaslar çerçevesinde belirlenir.

Kurum açma izni verilen kurumlarda iki yıl içinde öğretime başlamayanlar ile amacı dışında kullanıldığı tespit edilen kurumların, kurum açma izinleri iptal edilir. Ayrıca okulunu kapatmak isteyen kurucu ya da temsilcisi, Bakanlığa, yönetici, öğretmen, uzman öğretici, usta öğretici ve öğrenci/kursiyerlere en az üç ay önceden bildirmek şartıyla ve gerekçesi Bakanlık tarafından uygun bulunduğu takdirde öğretim yılı sonunda okulunu kapatabilir. Kapanan veya kapatılan kurum; mühürlerini, yönetici, öğretmen ve öğrencilerle ilgili bütün defterlerini, dosyalarını ve diğer evrakını ilgili valiliğe devir ve teslim etmek zorundadır.

Özel öğretim kurumlarının eğitim-öğretim ve yönetim hizmetlerinin, asıl görevi bu kurumlarda olan yönetici ve eğitim öğretim elemanları ile yönetilmesi esastır. Kurumlarda, yöneticilik ve eğitim öğretim hizmetlerinde görevlendirileceklerin, en az dengi resmi öğretim kurumlarına atanabilmek için gerekli nitelik ve şartları taşımaları gerekmektedir. Resmi dengi bulunmayan kurumların yöneticilik ve eğitim öğretim hizmetlerinde ise yönetmelikle belirtilen nitelik ve şartları taşıyanlar görevlendirilir.

Kurumlarda çalışan yönetici, öğretmen, uzman öğretici ve usta öğreticiler ile kurucu veya kurucu temsilcisi arasında, en az bir takvim yılı süreli olmak üzere yönetmelikte belirtilen esaslara göre yazılı olarak iş sözleşmesi yapılır. Mazereti nedeniyle kurumdan ayrılan öğretmen ve öğreticilerin yerine alınacak olanlar ile devredilen kurumların yönetici, öğretmen ve öğreticileri ile bir yıldan daha az bir süre için iş sözleşmesi yapılabilir.

Özel öğretim kurumlarının yapacağı reklamların niteliği kanunla belirlenmiştir. Kurumlar, ancak amaçlarına uygun, tanıtıcı mahiyette reklam ve ilan verebilirler. Bu kurumlar reklam ve ilanlarında gerçeğe aykırı beyanda bulunamazlar ve televizyonda reklam ve ilan yapamazlar.

Özel Öğretim Kurumları Kanunu'na göre, kurumlar, faaliyetlerini sadece kazanç sağlamak için düzenleyemezler. Ancak, Türk Milli Eğitiminin amaçları doğrultusunda eğitim kalitesini yükseltmek, gelişmelerine fırsat ve imkan verecek yatırımlar ve hizmetler yapmak üzere gelir sağlayabilirler.

Özel öğretim kurumları, öğrenim ücretleri ve diğer ücretlerini her yıl tespit ederek ocak ayından itibaren en geç mayıs ayında ilan ederler. Bu süre içerisinde ücret ilanı yapmayan kurumlar, bir önceki yılın ücreti ile öğrenci alırlar. Özel öğretim kurumları, öğrenim gören öğrenci sayısının yüzde üçünden az olmamak üzere ücretsiz öğrenci okutmakla yükümlüdür. Bakanlıkça bu oran yüzde ona kadar artırılabilir. Kurumlar, ayrıca öğrenim bursu da verebilirler.

1.3.3. Türkiye'de Özel Öğretim Göstergeleri

Milli Eğitim Bakanlığı'nın 2014-2015 eğitim öğretim yılı verilerine göre Türkiye'de toplam 8.291 adet özel öğretim kurumu bulunmaktadır. Aşağıdaki tabloda Türkiye'de bulunan özel öğretim kurumu sayıları, derslik sayıları ve bu kurumlarda öğrenim gören öğrenci sayıları yer almaktadır.

Tablo 8: Özel Öğretim Kurumlarında Okul, Öğrenci, Öğretmen ve Derslik Sayıları

Eğitim Kademesi	Kurum Sayısı	Öğrenci Sayısı	Öğretmen Sayısı	Derslik Sayısı
Okul Öncesi Eğitimi	4.372	171.648	16.719	13.718
İlkokul	1.205	203.272	22.194	17.823
Ortaokul	1.111	208.424	23.016	10.342
Ortaöğretim	1.603	240.171	31.113	19.345
Örgün Eğitim Toplamı	**8.291**	**823.515**	**93.042**	**61.228**

Kaynak: Milli Eğitim İstatistikleri 2014-2015, http://sgb.meb.gov.tr/istatistik/meb_istatistikleri_orgun_egitim_2014_2015.pdf, Erişim: 12.01.2016

2014-2015 eğitim öğretim yılında 8.291 özel öğretim kurumunda toplam 823.515 öğrenci öğrenim görmektedir. Tablodan açıkça görüldüğü üzere, Türkiye'de en fazla okul öncesi eğitimi veren özel öğretim kurumu vardır. Ayrıca özel öğretim kurumlarında eğitim alan öğrenci sayısının en fazla olduğu eğitim kademesi ortaöğretimdir.

2003-2004 eğitim öğretim yılından günümüze kadar geçen sürede okul türü itibariyle, özel okul, bu okullarda görev yapan öğretmenler ile özel okullarda öğrenin gören ve mezun olan öğrencileri sayılarındaki değişim aşağıdaki tablolarda özetlenmiştir.

İlköğretim;

Tablo 9: Özel İlköğretim Okul, Öğrenci, Öğretmen ve Mezun Sayılarının Yıllar İtibariyle Değişimi

Öğretim Yılı	**Okul**	**Öğretmen**	**Öğrenci**	**Mezun**
2003/2004	613	16.275	160.888	24.226
2004/2005	674	17.957	171.915	25.174
2005/2006	728	19.543	189.090	25.625
2006/2007	757	21.475	213.071	28.504
2007/2008	866	23.188	226.187	30.303
2008/2009	907	24.889	239.988	31.924
2009/2010	879	27.631	251.967	32.686
2010/2011	898	29.424	267.294	34.534
2011/2012	931	31.691	286.972	37.737

Kaynak: Milli Eğitim İstatistikleri 2014-2015, http://sgb.meb.gov.tr/istatistik/meb_istatistikleri_orgun_egitim_2014_2015.pdf, Erişim: 12.01.2016

Tablo 10: Özel İlkokul ve Ortaokul Okul, Öğrenci, Öğretmen ve Mezun Sayılarının Yıllar İtibariyle Değişimi (6287 sayılı Kanundan Sonrası İçin)

Öğretim	Okul		Öğretmen		Öğrenci		Mezun	
Yılı	İlkokul	Ortaokul	İlkokul	Ortaokul	İlkokul	Ortaokul	İlkokul	Ortaokul
2012/2013	992	904	20.546	18.926	167.381	164.294	-	39.503
2013/2014	1.071	972	21.273	21.459	184.325	182.019	-	45.150
2014/2015	1.205	1.111	22.194	23.016	203.272	208.424	-	-

Kaynak: Milli Eğitim İstatistikleri 2014-2015, http://sgb.meb.gov.tr/istatistik/meb_istatistikleri_orgun_egitim_2014_2015.pdf, Erişim: 12.01.2016

2012 yılında yapılan kanun değişikliği sonrasında ilkokul ve ortaokul istatistikleri ayrı ayrı oluşturulmakta ve kamuoyuna açıklanmaktadır. Dolayısıyla 2012 yılı öncesi ve sonrasına ait öğretmen, öğrenci ve mezun sayıları arasında karşılaştırma yaparken 2012-2013 öğretim yılından sonraki dönemlere ait ilkokul ve ortaokul verilerinin toplamını almak daha doğru sonuçlar elde etmemize yardımcı olacaktır. Ancak okul sayıları için toplam sayıyı dikkate almak yanıltıcı sonuçlar ortaya çıkarabilmektedir. Tabloları bu şekilde değerlendirdiğimiz zaman 2003-2015 yılları arasında, özel ilköğretim okullarının sayılarında artış olduğunu söylemek mümkündür. Buna bağlı olarak öğretmen, öğrenci ve mezun sayılarında da artış gözlenmektedir.

Ortaöğretim;

Tablo 11: Özel Ortaöğretim Okul, Öğrenci. Öğretmen ve Mezun Sayılarının Yıllar İtibariyle Değişimi

Öğretim	**Genel Ortaöğretim**				**Mesleki ve Teknik Ortaöğretim**			
Yılı	**Okul**	**Öğretmen**	**Öğrenci**	**Mezun**	**Okul**	**Öğretmen**	**Öğrenci**	**Mezun**
2003/2004	467	7.133	69.299	25.469	14	13	1.164	167
2004/2005	582	8.252	70.163	20.960	19	84	1.090	220
2005/2006	628	14.140	75.693	19.710	22	380	977	380
2006/2007	696	12.673	85.547	25.368	21	244	911	237
2007/2008	711	13.139	92.827	12.750	21	322	1.015	203
2008/2009	783	14.716	110.896	21.037	27	309	1.379	196
2009/2010	709	16.112	116.619	25.278	22	317	1.603	382
2010/2011	774	16.905	128.446	28.226	24	324	1.951	433
2011/2012	840	19.386	133.816	29.999	45	689	4.348	367
2012/2013	907	20.197	138.811	31.428	126	2.181	17.854	398
2013/2014	1.007	21.568	140.610	33.798	426	7.472	56.053	968
2014/2015	1.174	23.453	164.281	-	429	7.660	75.890	-

Kaynak: Milli Eğitim İstatistikleri 2014-2015, http://sgb.meb.gov.tr/istatistik/meb_istatistikleri_orgun_egitim_2014_2015.pdf, Erişim: 12.01.2016

Genel ortaöğretim kurumlarında gerek okul gerek öğrenci ve öğretmen sayıları, mesleki ve teknik ortaöğretime oranla daha yüksektir. Tabloda belirtildiği gibi, mesleki ve teknik düzeyde açılmış özel ortaöğretim kurumlarının ülkemizde yaygın olduğunu söylemek güçtür. Okul sayısına bağlı olarak, özel mesleki ve teknik ortaöğretim kurumlarında okuyan öğrenci sayısı da yüksek değildir. Genel ortaöğretim, teknik ortaöğretime oranla daha fazla tercih edilmektedir. Bu konuda ülkede uygulanan eğitim politikalarının rolü büyüktür. Dolayısıyla özel okul açmak isteyen yatırımcı ve eğitimciler, bu alana yönelmektedirler.

1.3.4. Kayseri'de Özel Öğretim

Kayseri'de özellikle yaygın eğitim alanında çok sayıda özel öğretim kurumu ve bu kurumlarda öğrenim gören çok sayıda öğrenci mevcuttur. Örgün eğitim alanında, özel anaokulları, özel ilköğretim ve özel liseler de Kayseri'de faaliyet göstermektedir. Ancak bu alanda, gerek kurum sayısı gerek öğrenci ve öğretmen sayısı, yaygın eğitim alanı kadar yüksek değildir.

Aşağıdaki tabloda, 2014-2015 eğitim-öğretim yılında, Kayseri'de faaliyet gösteren özel öğretim kurumlarına ait bilgiler yer almaktadır:

Tablo12: Kayseri'de Faaliyet Gösteren Özel Öğretim Kurumlarına Ait Kurum, Öğrenci ve Öğretmen Sayıları

Kurum Türü	**Kurum Sayısı**	**Öğrenci Sayısı**	**Öğretmen Sayısı**	**Derslik Sayısı**
Özel Anaokulu	8	1.035	42	43
Özel İlkokul	16	3954	368	451
Özel Ortaokul	16	3.862	358	96
Özel Ortaöğretim	24	4.477	456	328

Özel Anadolu Lisesi (11) Özel Fen Lisesi (5) Özel Anadolu Öğretmen Lisesi (1) Özel Mesleki ve Tek. And. L. (7)				
Toplam Özel Okullar	**64**	**13.238**	**1.224**	**918**
Özel Dershane	60	25.046	827	853
Özel Motorlu Taşıt Sürücü Kursu	65	31.254	290	206
Özel Eğitim ve Rehabilitasyon Merkezi	37	3.783	212	290
Özel Muhtelif Kurslar	19	4.318	82	172
Özel Etüt Eğitim Merkezi	4	145	7	12
Toplam Özel Yaygın Eğitim Kurumu	**185**	**65.546**	**1.418**	**1.539**
Özel Öğretim Kurumları Genel Toplamı	**249**	**78.874**	**2.642**	**2.457**

Kaynak: Kayseri Milli Eğitim İstatistikleri 2014-2015, http://kayseri.meb.gov.tr/download/kayserimem_istatistikleri_2014-2015.pdf, Erişim:12.01.2016.

Özel öğretim kurumlarını kendi içinde analiz ettiğimiz zaman Kayseri'de özel yaygın eğitim kurumu ve bu kurumlardaki öğrenci ve öğretmen sayılarının örgün eğitim kurumlarına oranla daha fazla olduğu karşımıza çıkmaktadır. Tabloda da ifade edildiği üzere 65.546 öğrencinin eğitim aldığı 185 özel yaygın eğitim kurumunda, 1.418 öğretmen görev yapmakta iken 13.238 öğrencinin bulunduğu 64 özel öğretim kurumunda özel örgün eğitim kurumunda 1.224 öğretmen görev yapmaktadır.

Özel okullar açısından Kayseri'de sayısal olarak en fazla kurum özel liselerdir. Özel ilköğretim okullarının sayısı, özel liselere oranla daha azdır. Kayseri'de faaliyet gösteren özel okulların tamamı Türkler tarafından açılmıştır. Kayseri'de azınlık okulları, yabancı okullar ve milletlerarası özel okullara rastlanmamaktadır.

Kayseri'de özel okullar Kocasinan, Melikgazi ve Talas ilçelerinde toplanmıştır. Bu ilçelerin dışında sadece Yahyalı'da özel anaokulu bulunmaktadır. Kayseri'de ilköğretim ve ortaöğretim kurumları açısından ilçelere göre, okul derslik, öğrenci ve öğretmen sayıları aşağıdaki gibidir:

Tablo 13: Kayseri'de Faaliyet Gösteren Özel İlkokullara Ait Okul, Derslik, Öğrenci ve Öğretmen Sayıları

İlçe	**Okul**	**Derslik**	**Öğrenci**	**Öğretmen**
Kocasinan	4	105	837	84
Melikgazi	11	321	2.951	264
Talas	1	25	166	20
TOPLAM	16	451	3.954	368

Kaynak: Kayseri Milli Eğitim İstatistikleri 2014-2015, http://kayseri.meb.gov.tr/download/kayserimem_istatistikleri_2014-2015.pdf, Erişim:12.01.2016

Kayseri'de faaliyet gösteren toplam 16 ilkokuldan 11 tanesi Melikgazi ilçesinde, 4 okul Kocasinan ilçesinde ve sadece 1 özel ilkokul Talas ilçesinde eğitim öğretim hizmeti vermektedir. Okul sayılarına paralel olarak en fazla öğrenci Melikgazi ilçesinde öğrenim görmektedir.

Tablo 14: Kayseri'de Faaliyet Gösteren Özel Ortaokullara Ait Okul, Derslik, Öğrenci ve Öğretmen Sayıları

İlçe	**Okul**	**Derslik**	**Öğrenci**	**Öğretmen**
Kocasinan	4		842	90
Melikgazi	10	69	2.168	204
Talas	2	27	852	64
TOPLAM	16	96	3.862	358

Kaynak: Kayseri Milli Eğitim İstatistikleri 2014-2015, http://kayseri.meb.gov.tr/download/kayserimem_istatistikleri_2014-2015.pdf, Erişim:12.01.2016

Özel ilkokul sayılarında olduğu gibi, Kayseri'de faaliyet gösteren ortaokulların da önemli bir kısmı Melikgazi ilçesinde bulunmaktadır. 2014-2015 eğitim öğretim yılı itibariyle Kayseri'de eğitim öğretim hizmeti veren özel okulların %62'si Melikgazi ilçesi sınırları içinde yer almaktadır. Benzer bir durum yukarıda ifade edildiği gibi özel ilkokullar için de söz konusudur.

Tablo 15: Kayseri'de Faaliyet Gösteren Özel Ortaöğretim Kurumlarına Ait Okul, Derslik, Öğrenci ve Öğretmen Sayıları

İlçe	**Okul**	**Derslik**	**Öğrenci**	**Öğretmen**
Kocasinan	7	102	1.561	155
Melikgazi	15	197	2.487	260
Talas	2	29	429	41
TOPLAM	24	328	4.477	456

Kaynak: Kayseri Milli Eğitim İstatistikleri 2014-2015, http://kayseri.meb.gov.tr/download/kayserimem_istatistikleri_2014-2015.pdf, Erişim:12.01.2016

Kayseri'de faaliyet gösteren özel okul sayıları açısından bakıldığında, en fazla olan okul türü özel ortaöğretim kurumlarıdır. İl genelinde 24 özel lise eğitim öğretim faaliyetine devam etmektedir. Yukarıda ifade edilen rakam farklı türlerdeki ortaöğretim kurumlarının hepsini kapsamaktadır. Tablo 12'de de belirtildiği üzere 24 özel liseden 11'i Özel Anadolu Lisesi, 5'i özel Fen Lisesi, 1'i Özel Anadolu Öğretmen Lisesi ve 7 tanesi de Özel Mesleki ve Teknik Lise olarak hizmet vermektedir.

Kayseri'de, 2012-2013 eğitim öğretim yılından sonraki üç eğitim öğretim dönemi için ilkokul, ortaokul ve liselere yönelik olarak öğrenci sayıları ve oranlarındaki değişim aşağıdaki tabloda yer almaktadır.

Tablo 16: Son 3 Yıl Özel Okul Öğrenci Sayıları ve Oranları

Öğretim Yılı	İlkokul		Ortaokul		Ortaöğretim	
	Öğrenci Sayısı	Oran	Öğrenci Sayısı	Oran	Öğrenci Sayısı	Oran
2012/2013	3.730	3,8	3.296	3,6	3.324	4,5
2013/2014	3.747	3,8	3.497	3,9	3.993	5,3
2014/2015	3.954	4,0	3.862	4,5	4.477	5,8

Kaynak: Kayseri Milli Eğitim İstatistikleri 2014-2015, http://kayseri.meb.gov.tr/download/kayserimem_istatistikleri_2014-2015.pdf, Erişim:12.01.2016

2012-2013 eğitim öğretim yılı ile başlayan son üç eğitim döneminde ilkokul ve ortaokul öğrenci sayılarında çok fazla değişiklik olmamıştır. Ancak ortaöğretime özel okulda devam eden öğrenci sayılarında artış gözlenmektedir. 2013-2014 eğitim öğretim yılı ile 2014-2015 öğretim yılı karşılaştırıldığında, öğrenci sayıları açısından %12 oranında artış gözlenmektedir.

1.4. SEÇİLMİŞ YABANCI ÜLKELERDE ÖZEL ÖĞRETİME İLİŞKİN UYGULAMALAR

1.4.1. Almanya'da Eğitim Sistemi Ve Özel Okullar

Almanya'da eğitim devlet okullarında ücretsizdir, temel eğitime başlama yaşı 7'dir. Alman Anayasası herkese kendini serbestçe geliştirme, okulunu, eğitim yerini ve mesleğini eğilim ve yeteneğini göre seçebilme şansı vermektedir. Söz konusu yasaya göre bütün okullar devletin denetimine tabidir.

Almanya'da eğitimin her aşamasında özel okullar yer almaktadır. Ortaöğretim düzeyindeki özel okullar açısından 2 tip mevcuttur. Bunlar, alternatif okullar ve tamamlayıcı okullardır. Alternatif okulların amacı, bölgede var olan ve desteklenen parasız-resmi okulların yerine eğitim vermektir. Bu okullarda zorunlu eğitim tamamlanabilir. Tamamlayıcı okullar, genellikle parasız resmi okullarda verilmeyen bir takım kursları veren okullardır.

Almanya'da özel okul açılması anayasa ile güvence altına alınmıştır. Özel okullar resmi okulların yerini aldığı takdirde devletin iznine gereksinim vardır. Özel okulların, resmi okullarda geçerli olan yönetmeliklere göre sınav yapıp diploma verebilmeleri için, eyaletlerin eğitim müdürlüklerince resmen tanınmış olmaları gerekmektedir

Özel okullara devlet tarafından verilen yardımlar da söz konusudur. Öğretim malzemesi, özellikle okul kitapları, öğrenciye kısmen ücretsiz, kısmen de ödünç olarak verilir. Eğitimin finanse edilmesinde Federasyon, Bölgesel ve Yerel otoriteler sorumlu olmasına rağmen sermayenin %90'ı bölgesel ve yerel otoriteler tarafından karşılanmaktadır (Subaşı ve Dinler, 2003, s. 41-44).

1.4.2. İsviçre Eğitim Sistemi Ve Özel Okullar

İsviçre birbirinden ayrı 26 kantondan oluşan bir konfederasyondur. Her kantonun ayrı ayrı anayasası, meclisi ve hükümeti vardır. Buna bağlı olarak İsviçre'de Konfederasyon seviyesinde bir Milli Eğitim Bakanlığı yoktur. Doğal olarak birbirine benzese de İsviçre'nin 26 kantonunda okul öncesinden üniversiteye kadar 26 ayrı eğitim şeması, 26 değişik eğitim sistemi bulunmaktadır. Ancak birbirinden farklı olan bu eğitim sistemlerinin ortak noktaları da mevcuttur. Bunlar (Subaşı ve Dinler, 2003, s. 56);

- Tüm kantonlarda mecburi öğretim dokuz yıldır. 4, 5 veya 6 yıllık ilkokul ile 3, 4 veya 5 yıllık ortaöğretim birinci kademeyi kapsar.
- Tüm kantonlarda lise diploması en az 12, en çok 13 yıllık öğretim sonunda sınavlarını başaranlara verilir.
- Merkezi düzeyde, koordinasyon ve ülkeyi dışarıda temsil için kanton eğitim müdürlerinin ortaklaşa oluşturduğu "Eğitim Müdürlükleri Konferansı" (CDIP) adında bir kurum mevcuttur.
- Her kantonun seçimle gelen bir kanton eğitim müdürü ve bu müdürlüğün yine seçimle gelen alt birimleri mevcuttur.
- Ayrıca belediyelerde yine seçimle gelen üyelerden oluşan ve "eğitim komisyonu" diye adlandırılan komisyon da eğitim yönetiminin önemli halkalarından biridir.

İsviçre'de ne Federal Anayasa ne de Kanton Yasalarında gerekli koşulların yerine getirilmesi halinde özel okul açmayı engelleyici ya da zorlaştırıcı hiçbir hüküm yoktur. Bu alanda belirleyicilik piyasadaki arz-talep dengesine bırakılmıştır.

İsviçre eğitim sistemi içerisinde özel öğretimin önemli bir yeri yoktur. Bunun sebeplerinden biri Anayasa'nın eğitimi kamu sektörüne vermesi ise de asıl önemli sebebi İsviçre halkının eğitim sisteminden hoşnut olmasıdır (Subaşı ve Dinler, 2003, s. 57).

İsviçre'de özel okul açılabilmesi için resmi makamların onayı zorunludur. Bunun için gerekli şartlar her kantonun ilgili yasasında detaylı olarak belirlenmiştir. Ülkede, özel okullara yönelik devlet desteği öğrenci başına yapılmaktadır. Öğrenci başına yapılan maddi destek aynı düzeyde bir devlet okuluna devam eden bir öğrencinin devlete maliyetinin %50'si kadardır.

1.4.3. Japonya Eğitim Sistemi Ve Özel Okullar

Japonya'da 1945 yılından sonra, toplumun ihtiyaç duyduğu eğitim kurumları devletin planlamaları doğrultusunda oluşturulmuştur. Ülkede eğitim kurumları ulusal, yerel ve özel olmak üzere üç ana gruba ayrılmaktadır. Eğitim Bilim ve Kültür Bakanlığı tarafından merkezi olarak yönetilen okullar "Ulusal Okul", yerel yönetimler (valilik, belediye, il özel idareleri) tarafından yönetilen okullar "Yerel Okul", vakıf, çeşitli kişi ya da kuruluşların yönettiği okullar ise "Özel Okul" olarak adlandırılır (Subaşı ve Dinler, 2003, s. 59).

Japonya'da zorunlu eğitim 9 yıldır. Bu sürenin ilk 6 yılı ilkokul, 3 yılı ortaokul dönemidir. Lise eğitimi de 3 yıldır ve 9 yıllık zorunlu eğitimden sonra başlamaktadır. Zorunlu olmayan ve 3 yıl süren eğitim tamamen paralıdır. Devlet okulları daha düşük, özel kesimin işlettiği kurumlar daha yüksek ücretle eğitim hizmeti sunmaktadır (Subaşı ve Dinler, 2003, s. 59-61).

Paralı eğitim almakta zorlanan öğrencilere burs imkanı getirilmiştir. Bu nedenle öğrenimin paralı oluşu öğrenciler için sorun olmamaktadır. Öğrenciler ister özel okullarda isterse resmi okullarda okusun burs alabilmektedir. Ayrıca ulusal ve yerel okullarda okuyan öğrencilerin kitap vb. okul masrafları da devlet tarafından karşılanmakta, öğrencilere ücretsiz öğle yemeği verilmektedir. Japonya'da devletin özel okulları teşvik şekilleri şöyle sıralanabilir (Karabulut, 1996, s. 41);

- Özel dershanelerden gelir veya kurumlar vergisi alınmamaktadır,
- Devam etmek isteyen öğrencilerden maddi durumu müsait olmayanlara Japon Burs Derneği tarafından burs verilmektedir.

- Devlet, özel dershanelerin bazı cari giderlerini hafifletici tedbirler almaktadır.

1.4.4. Fransa'da Eğitim Sistemi Ve Özel Okullar

Fransa'da okula başlama yaşı 6'dır. Öğrenciler 5 yıl ilkokul, 3 yıl ortaokul ve 3 yıl lise eğitimi alırlar (Subaşı ve Dinler, 2003, s. 50-51).

Fransa'da özel okullar devlet sözleşmeli ve sözleşmesiz olarak ikiye ayrılmaktadır. Devletle sözleşmeli olan özel okulların finansmanı devlet tarafından karşılanmaktadır. Yeni açılan bir okul ancak beş yıl sonra sözleşmeli statüsüne geçebilmektedir. Bu beş yıllık süre içinde ise masraflarını tamamen kendisi karşılamak zorundadır (Taytak, 2007, s. 32).

Her Fransız vatandaşı Avrupa Birliği şartlarına bağlı kalmak şartıyla özel okul açabilir. Fransa'da devletin kanun ve yönetmeliklerine bağlı kalarak eğitim hizmeti veren okullarda personel maaşları ve giderleri devlet tarafından karşılanmaktadır (Çelik, 2006, s. 67).

Devlet sözleşmeli olan özel ortaöğretim kurumu öğrencilerine gerekli şartları taşıdıkları sürece milli, yerel burs, kredi veya sene başı yardım parası verilir. Özel eğitim kurumları, yıllık harcamalarının onda birini geçmeyecek miktarda devletten ve yerel idareden yardım alır (Subaşı ve Dinler, 2003, s. 55).

1.4.5. Danimarka Eğitim Sistemi Ve Özel Okullar

Danimarka'da zorunlu eğitim 9+1 olarak adlandırılmakta ve 10'uncu sınıf tanım olarak zorunlu eğitim kapsamında yer almasına karşın, genellikle lise sınıflarına devam edecek öğrencilere not yükseltmek amacıyla tavsiye edilen ek bir yıllık eğitim olmaktadır. Ancak bir üst öğretim kurumuna devam etmek isteyen ve dil yetersizlikleri tespit edilmiş olan yabancı öğrencilere 10'uncu sınıftan itibaren dil öğrenim ağırlıklı 11'inci sınıf eklenmektedir.

Danimarka'da gerek şahıslar, gerek tüzel kişiler özel okul açabilmektedir. Ülkede özel okullara, izledikleri ideoloji, din, politik ve etnik eğilimlerine bakılmaksızın faaliyet izni verilmektedir. Ayrıca özel okullar devlet sübvansiyonundan da yararlanabilmektedir. Özel öğretim kurumlarının yerine getirmek zorunda oldukları tek koşul, müfredat programlarının ilköğretim okulları ve lise müfredatına uygun olmasıdır (Subaşı ve Dinler, 2003, s. 45-47).

Danimarka'da tüm özel okullar yıl içinde kayıt ettikleri öğrenci sayısına, öğrencilerin yaşına, okulun büyüklüğüne bağlı olarak değişen oranlarda, yaptığı harcamanın %85'ine kadar devlet desteği alırlar. Ayrıca Danimarka'nın Kurumlar Vergisi Kanunu'na göre, özel okullar kurumlar vergisinden muaftır (Ozansoy, 2009, s. 43).

1.4.6. İsveç Eğitim Sistemi Ve Özel Okullar

İsveç'te 1990'lı yılların başından itibaren özel okul sayıları artmaya başlamıştır. Ülkede belediyeler, özel okullara, kanunen onaylanmış bağımsız okullara ve ortaöğretim sonrası okullara finans sağlamak zorundadır. Ancak bu tip okullar Ulusal Öğretim Ajansı tarafından belirlenmektedir. İlk ve ortaöğretime verilen finansman her okul döneminde o okuldaki öğrenci sayısı ile bağlantılıdır (Çelik, 2006, s. 68-69).

1.4.7. Hollanda Eğitim Sistemi Ve Özel Okullar

Hollanda'da özel okullar devlet okulları ile aynı kanunla yönetilir. Özel okulların devlet kaynaklarından yardım alma koşulu kanunla belirlenmiştir. Bu yardım, özel eğitim kuruluşlarının kar amacı gütmeden eğitim yapmayı amaçlayan tam yasal yeterliliğe sahip tüzel kişi tarafından devam ettirilmesine bağlıdır.

Özel okullara verilen para yardımları için imkan, malzeme, personel ve aynı seviyedeki devlet okullarının harcamaları temel alınır (Çelik, 2006, s. 69)

II. BÖLÜM

ÖZEL ÖĞRETİM KURUMLARININ VERGİLENDİRİLMESİ

2.1. EĞİTİM HİZMETİNİN YAPISI VE ÖZELLİĞİ

Toplumu oluşturan bireylerin ihtiyaçları ve bu ihtiyaçları karşılamaya yönelik hizmetler içinde bulunan siyasi, sosyal, ekonomik ve mali koşullardan etkilenmektedir. Bu ihtiyaçlar özel ya da toplumsal ihtiyaçlar olabilir. Niteliği ne olursa olsun, ne kadar değişim gösterirse göstersin devlet söz konusu ihtiyaçları karşılamak için her zaman görevler üstlenmiştir.

Tatmin edilmesi halinde toplumun tümüne yarar sağlayan ihtiyaçlara sosyal ihtiyaçlar denilmektedir (Akdoğan, 2006, s. 37). Sosyal ihtiyaçlar toplumsal mal ve hizmet üretimi ile tatmin edilir. Devlet, topladığı vergi ve benzeri kaynaklarla sosyal ihtiyaçların giderilmesine yönelik mal ve hizmet üretmekte ve bunları kamu hizmeti olarak tüketicilere sunmaktadır (Şener, 2006, s. 49).

Toplumun müşterek nitelikteki ihtiyaçlarının karşılanması bakımından devletin yapmak durumunda bulunduğu hizmetler kamu hizmeti olarak değerlendirilmektedir (Akdoğan, 2006, s. 39). Geçmişten günümüze kadar kamu hizmetinin niteliği değişim göstermiştir. Daha önceleri kamu hizmeti sayılan hizmetler günümüzde özel hizmet sayılmakta ya da tam tersi durumlarla karşılaşılmaktadır. Kamu hizmetinin neler olacağı, bu hizmetlerin hangi boyutta yürütüleceği sahip olunan mali ve ekonomik koşullara göre, siyasal iktidar tarafından kararlaştırılır. Bir işin kamu hizmetleri arasına alınması ya da kamu hizmeti niteliğinden çıkarılması, temsil ettiği toplum adına siyasi iktidarın yetkisi kapsamındadır. Ancak bunu yaparken anayasal ilkelerin göz ardı edilmesi düşünülemez.

2.1.1. Kamusal Mal Ve Hizmet Kavramı

Kamusal mal (kamusal hizmet) kavramı çağdaş anlamda ilk kez Samuelson tarafından tanımlanmıştır. Bu tanıma göre, kamusal mal ve hizmetler toplumdaki kişiler tarafından birlikte ve eşit olarak tüketilen mal ve hizmetlerdir (Şener, 2006, s. 50).

Topluma götürülen mal ve hizmetler; Kamusal mal ve hizmetler[7], yarı kamusal mal ve hizmetler, erdemli mal ve hizmetler ile özel mal ve hizmetler olmak üzere 4 grupta incelenebilir (Akdoğan, 2006, s. 41).

Kamusal Mal ve Hizmetler: Kollektif mallar da denilen kamusal mal ve hizmetler, faydası bölünemeyen, bedeli ödettirilemeyen, istenilse dahi toplum içinde faydasından mahrum bırakılamayan, tüketiminde rakip olmayan mal ve hizmetleri ifade etmektedir (Nadaroğlu, 1998, s. 52). Kamusal mal ve hizmetler tamamen devlet tarafından üretilirler, üretimleri piyasaya bırakılamaz. Kamusal mallara örnek olarak, savunma hizmetleri, genel polis hizmetleri, diplomasi hizmetleri gösterilebilir.

Tam kamusal hizmetlerde, bir kişinin hizmetten yararlanması, başkalarının yararlanmasını engelleyen bir durum oluşturmaz. Bu hizmetlerin faydası toplumun tamamına yöneliktir ve faydanın bireysel olarak ölçülmesi olanaksızdır. Başka bir ifadeyle bu hizmetler bir tüketici için üretildiği zaman bütün topluma yarar sağlamaktadır ve hizmetin maliyetini toplum üyeleri arasında faydaya göre paylaştırmak mümkün değildir. Tüketici maliyete katılsa da katılmasa da hizmetin kendisine fayda sağladığını

[7] Bu sınıflandırmada yer alan kamusal mal ve hizmet kavramı için tam kamusal mal veya tam kamusal hizmet kavramları da kullanılmaktadır.

gördüğü için gönüllü bir organizasyonla da bu hizmetin maliyeti finanse edilemez. Bireyler tüketimden mahrum bırakılamadığı için tam kamusal mal ve hizmetlerin maliyetinin cebri vergilerle finanse edilmesi gerekir (Batırel, 2007, s. 16). Ayrıca bu mal ve hizmetler özel mal ve hizmetler gibi piyasada alınıp satılamazlar, hizmetlerin üretilmesi ile ilgili kararlar siyasi süreç içerisinde alınmaktadır (Akdoğan, 2006, s. 41-46).

a) Yarı Kamusal Mal ve Hizmetler: Tüketimleri sonucu, topluma yoğun dışsal faydalar sağlarken, kişilere de ayrıca özel fayda sağlayan mal ve hizmetler yarı kamusal mal ve hizmet olarak değerlendirilir. Özel ve kamusal mal ve hizmetlerin özelliklerini birlikte göstermesi nedeniyle bu tür mal ve hizmetlere karma mallar da denilmektedir (Şener, 2006, s.59).

Yarı kamusal mal ve hizmetler devlet veya diğer kamu tüzel kişilerince üretilmekle birlikte, tam kamusal nitelikte değillerdir. Bunlar bölünebilir, pazarlanabilirler ve bu niteliklerinden dolayı fiyatlandırılabilirler (Söyler, 2008, s. 57). Topluma faydaları kamusal mal ve hizmetlerinki gibi, bireye faydaları ise özel mal ve hizmetlerinki gibidir. Yarı kamusal mal ve hizmetlerin başlıca özelliği, bu mal ve hizmetlerden yararlananlara olan direkt faydaları yanında, toplum üyelerine olan marjinal ya da ek katkılarıdır (Akdoğan, 2006, s. 46).

Yarı kamusal mal ve hizmeti doğuran dışsallık olayıdır (Batırel, 2007, s. 37). Genel olarak, bir karar biriminin, bir karar birimine sağladığı yarara veya yüklediği maliyete dışsallık denilmektedir. Ortaya çıkan bu yarar veya maliyet fiyatlandırılamamaktadır. O zaman bir karar biriminin, başka bir karar birimine sağladığı fiyatlandırılamayan yarar veya yüklediği fiyatlandırılamayan maliyet dışsallık olmaktadır (Bekmez ve Evkuran, 2010, s. 89).

Herhangi bir faaliyet gerçekleştirildiği zaman bu faaliyeti gerçekleştiren kişi ya da kuruluşun yanında, diğer kişi veya kuruluşlara fayda ya da maliyet getirebilir. Başka bir ifadeyle, üretim ya da tüketim sonucu fayda ya da maliyetin diğer üyelere geçmesi söz konusudur. Bu nedenle dışsallık dış fayda ve dış kayıp olarak ikiye ayrılır. Dış faydaya dış ekonomi, dış kayba dış eksi ekonomi adı da verilmektedir (Batırel, 2007, s. 37).

En kısa ifadeyle, bir kısım faaliyetlerin diğer faaliyetler üzerindeki fiyatlandırılamayan etkileri olarak ifade edilen dışsallıklar, toplum kesimlerinin birbirlerine olan etkileri göz önünde bulundurularak, şu şekilde sınıflandırılabilir (Akdoğan, 2006, s. 56-59):

- Üreticiden üreticiye olan dışsallıklar,
- Üreticiden tüketiciye olan dışsallıklar,
- Tüketiciden üreticiye olan dışsallıklar,
- Tüketiciden tüketiciye olan dışsallıklar.

b) Erdemli Mal ve Hizmetler: Erdemli mal ve hizmetler, gerek toplumsal ve gerekse bireysel açıdan; özellikli, öncelikli ya da üstünlüğü olan, vazgeçilemez nitelikteki mal ve hizmetler olarak ifade edilebilir. Bunlar ya doğrudan devlet tarafından bedelsiz olarak topluma sunulmakta ve finansmanı vergilerle sağlanmakta ya da piyasa fiyatının altında pazarlanmaktadır. Ücretsiz ve ya düşük ücretle sağlık ve tedavi hizmetlerinin sunulması, kimsesiz, yaşlı ve çocuklar ile düşkünlere yardımcı olunması, sakatların sosyal açıdan korunmaları erdemli mal ve hizmetlere örnek gösterilebilir (Akdoğan, 2006, s. 49-50).

c) Özel Mal ve Hizmetler: Tüketimlerinde rekabetin geçerli olduğu ve finansmanına katılmayanların kolayca dışlanabildiği mal ve hizmetlerdir.

Bu tür mal ve hizmetler özel sektör ya da piyasa mekanizması tarafından kolayca üretilebilmektedir (Şener, 2006, s. 63).

Kamusal malların aksine, bu mal ve hizmetlerin faydaları toplum bireyleri arasında bölünebilmektedir. Bu mallardan yaralanabilmek için bedelinin ödenmesi gerekir. Başka bir ifadeyle özel malların faydası bölünebilir olduğundan, faydasından yoksun kalınabilir. Piyasa konusu olan ve bireysel ihtiyaçları karşılamaya yönelik bu malların arzı, piyasanın koşullarına ve üretici kararlarına bağlıdır. Tüketim ile sona eren bu mallara örnek olarak; gıda, yiyecek maddeleri, kitap, kalem gibi ürünler gösterilebilir. Kişinin sunulan mal ve hizmetler arasından en uygun bulduğunu seçme olanağı vardır (Akdoğan, 2006, s. 48).

Kamusal mal ve hizmetleri özel mal ve hizmetlerden ayıran özellik kamusal malların pek çok kullanıcıya aynı anda fayda sağlaması, özel malların bir tek kullanıcıya fayda sağlamasıdır (Göker, 2008, s. 111). Özel malların faydası sadece malın bedelini ödeyen kişi için geçerlidir, yalnızca o kişi malı kullanır ve fayda elde edebilir.

Tablo 17: Kamusal Malların ve Özel Malların Dolaşımı

KAMUSAL MALLARIN VE ÖZEL MALLARIN DOLAŞIMI		
Tam Kamusal Mallar	Yarı Kamusal Mallar (Yarı Özel Mallar)	Tam Özel Mallar
%100 ←		%100 →
Tam kamusal ihtiyaçlardan oluşan Kamu kesimince tahsis olunan	Kamusal ve özel ihtiyaçların karışımından oluşan Ya kamu sektörü ya da özel sektörce tahsis olunan	Tam özel ihtiyaçlardan oluşan Özel sektörce tahsis olunan
	Örnekler	
Milli Savunma	Eğitim	Kurşun Kalem

Kaynak: Herber, 1967, s. 23; Aktaran;Nadaroğlu, 1998, s.67

Eğitim hizmeti, yarı kamusal hizmet olarak değerlendirilmektedir. Çünkü eğitim alan kişi bundan bireysel fayda elde etmekle birlikte, eğitim seviyesinin yükselmesi toplumsal fayda sağlamaktadır. Ayrıca eğitim, hem devlet hem de özel sektör tarafından üretilebilen, faydası kişiler arasında bölünebilen ve fiyatlandırılabilen bir hizmettir. Bütün bunlar eğitimin yarı kamusal hizmet olmasının bir sonucudur. Aşağıda eğitim hizmetinin neden yarı kamusal hizmet sayıldığı ve eğitimin dışsallıkları hakkında açıklamalar yer almaktadır.

2.1.2. Kamusal Hizmetler İçinde Eğitimin Yeri

Eğitim hizmetleri ilk bakışta sadece o hizmetten yararlananlara fayda sağlamış gibi görünür. Çünkü yeteneklerinin artması sonucu en azından gelirinde artış meydana gelmiştir. Ancak eğitim alan bireye sağladığı faydaların yanında, olumlu dışsallıkları bulunmaktadır ve bu dışsallıkları şu şekilde özetlemek mümkündür (Şener, 2006, s. 374-375):

- Prodüktivitede artış,
- Siyasal istikrarın sağlanması,
- Sosyal ve kültürel kalkınma,
- Sanayileşmenin artması,
- Suç oranlarında düşme,
- Gelir dağılımının iyileştirilmesi.

Eğitim sadece bireylere yüksek gelir sağlamakla kalmaz, teknolojik ilerlemeyi hızlandırır, keşifler, ihtira beratları, lisanslar artar. Bütün bunların etkisiyle de toplumun verimliliği artar (Bulutoğlu, 2004, s. 252). Eğitimli bireyler oylarını daha bilinçli kullanmakta, böylece siyasal karar alma mekanizmasında eğitimsiz bireylerin oyu azalmaktadır. Bu konu siyasal istikrarın sağlanmasına katkıda bulunmaktadır. Eğitim düzeyi yüksek olan ülkelerde sosyal, kültürel kalkınma düzeyi de yüksek ve suç oranları daha düşüktür. Eğitim düzeyi arttıkça kişilerin gelir düzeyi de artmakta, kişiler daha az suç işleme eğilimine girmekte, sanata ve sosyal aktivitelere yönelmektedir. Şimdiki kuşağın iyi eğitim alması, gelecek kuşaklara da faydalar sağlamakta, gelirinin artmasına katkıda bulunmaktadır. Ayrıca bir ülkenin iktisadi, sosyal, politik ve ekonomik bütün problemlerinin çözümünde eğitilmiş iş gücü hacminin büyük etkisi vardır (Nadaroğlu, 1998, s. 57).

Ekonomi ve ona dayalı piyasalar bireyleri gelir düzeyi arttıkça daha iyi işlemeye başlamaktadır. Bireylerin eğitim düzeyi yükseldikçe teknik değişmelere uyum sağlamak kolaylaşmaktadır. Eğitimin en önemli faydalarından biri de demokratik kurumların daha iyi işlemesine olanak tanıyan bilgilendirilmiş bir toplumun gelişmiş olmasıdır. Eğitim düzeyi yüksek bireylerden oluşan toplumda demokratik kurumlar daha iyi işlemektedir. İyi eğitilmiş insanların oluşturduğu toplumlarda suç işleme oranları son derece düşük olmakta, bu da iç güvenlik ve adalet hizmetleri ile ilgili harcamaların azalmasına yol açmaktadır. Yoksul kesimlerin eğitim düzeyi yükseldikçe, bu kesimin gelir düzeyi yükselmeye başlamakta ve yoksul kesimlere yapılan transfer harcamaları (gıda, sağlık, eğitim yardımı, işsizlik ödeneği vb.) azalmaktadır. Eğitimle birlikte bireylerin kazanç kapasitelerinin yükselmesine paralel olarak vergi ödeme kapasitesi de artmaktadır. Dolayısıyla eğitim harcamalarının yapılması toplam vergi gelirlerini yükseltmektedir (Öztürk, 2005, s. 8-9). Eğitimli insanlar sağlık korumasında daha bilinçli davranmaktadır. Bireylerin aldıkları eğitimle yaşam süreleri ve bebek ölüm hızı arasında yakın bir ilişki vardır. Eğitim ortalama yaşam süresinin artmasını ve bebek ölüm oranlarının azalmasını sağlamaktadır. Kadınları eğitim düzeyi yükseldikçe doğurganlık oranı azalmaktadır ve bu durum nüfus artış hızı yüksek olan az gelişmiş ülkeler açısından büyük önem taşımaktadır.

Ayrıca, daha eğitimli olan bireyler diğerlerine göre daha iyi çalışma koşullarına sahiptir, ekonomik getirilerinin yanında, daha fazla ekonomik olmayan getiri elde etmektedirler. Daha sağlıklıdırlar, daha uzun yaşarlar, daha düşük işsizlik oranına, daha az sakatlık oranına sahiptirler. Sözel, sayısal becerileri ve eleştirel düşünme becerileri daha gelişmiştir. Daha kısa sürede iş bulur ve daha fazla kazanırlar.

Eğitimin yukarıda sayılanlar dışında da çok önemli toplumsal faydalarının olduğu bir gerçektir. Toplum açısından bu kadar büyük öneme sahip olan bir konunun, sadece piyasaya bırakılması, devletin eğitimden tamamen elini çekmesi düşünülemez. Dolayısıyla, yarı kamusal hizmet olan eğitim, hem devlet tarafından hem de özel kuruluşlar tarafından üretilebilmektedir. Faydası bölünebilen, fiyatlandırılabilen, pazarlanabilen bir hizmet olan eğitimin üretimi sadece piyasaya bırakılmamıştır. Eğitimin bireysel, sosyal ve iktisadi boyutlarının olması bu hizmetin kamu sektörü tarafından üretilmesine ve kontrol edilmesine neden olmaktadır (Bekmez ve Evkuran, 2010, s. 91-94).

Eğitimin sadece özel sektöre bırakılırsa, okuma çağında olup da düşük gelire sahip olanlar eğitilme fırsatına kavuşamazlar. Oysa bilgi ve hünerler ne kadar geniş tabandan seçilmiş yetenekli öğrencilere verilirse, daha ileri eğitim düzeyine aday olacak öğrencilerin ortalama yeteneği o kadar yüksek olur ve ileri aşamalardaki eğitimin kalite ve verimi artar. Eğitim paralı olduğu zaman ailelerin çocukları için talepleri, gelir dağılımındaki eşitsizliklerden etkilenir. Paralı fakat yeteneksiz olan öğrenciler eğitim görürken, parasız fakat yetenekli olanlar eğitimden yoksun kalabilir ve kullanılan kaynaklardan en yüksek verim alınamaz (Bulutoğlu, 2004, s. 252-253).

Eğitim hizmetinden elde edilen faydanın bir kısmı özel fayda olması nedeniyle pazarlanabilir, diğer kısmı (sosyal fayda) pazarlanamaz niteliktedir. Mal ya da hizmeti üretmek yönünde karar alan üretici birimleri, sadece pazarlayabilecekleri faydayı nazara alarak hareke ederler. Başka bir ifadeyle, kaynak tahsisini pazarlayabilecekleri faydaya göre ayarlayıp sosyal faydayı dikkate almazlar. Bu durumda o mal veya hizmetin üretimine toplum açısından optimum kaynak tahsisi mümkün olmaz. Çünkü firma dış faydayı pazarlayamamaktadır ve pazarlayamadığı için bu faydayı göz önüne alması beklenmez. Ayrıca, tüketicinin ödemeye razı olduğu fiyat elde ettiği özel faydanın karşılığıdır. Hiç kimse kendisine özel fayda sağlamayan, bölünemez, ölçülemez nitelikteki sosyal fayda için bedel ödemek istemez. Bazen de bu hizmetlerin hem devlet hem özel sektör tarafından üretilmesi anayasal sebepler gibi ekonomi dışı sebeplere dayanabilir (Nadaroğlu, 1998, s. 57-66).

Eğitim hizmetlerinin bir kısmının özel kesim tarafından üretilmesi, devletin bu konuyu tamamen bir tarafa bırakması anlamına gelmez. Devletin bu alanda etkin bir denetimi mevcuttur. Devlet her zaman yol gösterici, önleyici ve özendirici tedbirler almaktadır.

2.2. ÖZEL ÖĞRETİM KURUMLARININ GELİR VERGİSİ AÇISINDAN DEĞERLENDİRİLMESİ

Özel öğretim kurumları hukuki niteliklerine göre gelir vergisi ya da kurumlar vergisi mükellefi olabilirler. Burada gelir vergisi mükellefi olan özel okullarda kazanç tespiti ve bu kurumların vergilendirilmesine yönelik açıklamalar yapılacaktır.

2.2.1.Gelir Kavramı Ve Gelir Vergisi

Günümüzde gelir ödeme gücünün başlıca göstergesi olarak kabul edilmektedir (Kızılot, 1996, s.12). Çağdaş anlamda gelir vergisi, vergi sistemimize 5421 sayılı Kanunla 1950 yılında girmiştir. Ancak adı geçen kanunun yürürlükte olduğu dönemlerde vergiden istenilen başarı sağlanamamıştır. Bu kanunda yer alan aksaklıkları gidermek amacıyla Alman Gelir Vergisi Mevzuatı esas alınarak hazırlanan 193 sayılı Gelir Vergisi Kanunu[8] 1961 yılında yürürlüğe girmiştir. 193 sayılı Kanunla iki temel amaç gerçekleştirilmek istenmiştir. Birinci amaç, toplam vergi yükünü artırmak, ikinci amaç ise, gelir vergisinin uygulama sahasını genişleterek gelir grupları arasında vergi yükünün adaletli dağılımını sağlamaktır (Şenyüz; Gerçek; Yüce, 2008, s. 3). Bu amaçlarla uygulamaya konulan 193 sayılı Gelir Vergisi Kanunu günümüzde halen geçerli olan bir kanundur.

Gelir vergisinin kapsamının anlaşılabilmesi için ilk olarak gelir kavramı tanımlanmalıdır. Genel olarak gelir tanımları ikili bir ayrıma dayanmaktadır. Birinci yaklaşımda gelir, çalışma ya da faaliyette bulunma karşılığında kazanılan para ve benzeri maddi varlıklarıdır. İkinci

[8] 06.01.1961 tarih ve 10.700 sayılı Resmi Gazete'de yayımlanmıştır.

yaklaşımda ise gelir, belirli bir dönem içinde bireyin mal varlığında ya da satın alma gücünde ortaya çıkan artıştır. Her iki yaklaşım da temelini "dar anlamda gelir" ve "geniş anlamda gelir" kuramlarından almaktadır (Öz, 2006, s. 17-18). Başka bir ifadeyle literatürde gelir kavramını tanımlamaya yönelik iki teori bulunmaktadır. Bunlar kaynak teorisi (dar anlamda gelir) ve safi artış teorisi (geniş anlamda gelir)'dir.

Kaynak teorisi Alman iktisatçı Hermann tarafından ileri sürülmüştür (Öz, 2006, s. 18). Kaynak teorisine göre gelir, kişilerin sahip oldukları üretim faktörlerinin çeşitli üretim faaliyetlerinde kullanılması sonucu elde edilen değerlerdir. Kişilerin sahip oldukları üretim faktörleri emek, sermaye, doğal kaynaklar ve girişim yeteneğinden oluşur. Bunların yalın biçimde üretime sokulması karşılığında ücret, faiz, rant ve kar elde edilmektedir. Ücret, faiz, rant ve kar dar anlamda gelir içinde yer alır. Üretim faktörlerinin birinin veya birkaçının karma şekilde üretime sokulması gelirin dar anlamdaki niteliğini değiştirmez (Şenyüz; Gerçek; Yüce, 2008, s. 4).

Ayrıca bu teoriye göre gelir kaynağının sürekli olması gerekmektedir. Sürekli olmak gelirin arızi ya da geçici olmamasını, zaman içinde belirli sıklıklarla tekrarlanmasını öngörür. Yani herhangi bir gelir akımı vergilendirilmeden önce kaynağın o kişi bakımından sürekli gelir yaratma özelliğine sahip olup olmamasına bakılacak, sürekli niteliğe sahipse vergilendirilecektir (Akdoğan, 2006, s.246-247). Kısaca; kaynak teorisinde bir değerin gelir sayılabilmesi için bir yandan üretim faktörlerinin bir veya birkaçının üretime katılarak gelir elde edilmesi, diğer yandan elde edilen gelirin sürekli olması gerekmektedir. Bu nedenle bu teori uyarınca bağış, miras, piyango ikramiyesi gibi yollardan elde edilen değerler gelir olarak kabul edilmemektedir (Tosuner ve Arıkan, 2007, s. 11).

Öncülüğünü Alman iktisatçılardan Schanz'ın yaptığı safi artış teorisinde gelir, bir vergilendirme dönemi içerisinde bir yükümlünün kişisel mal varlığında meydana gelen net artış olarak tanımlanmaktadır (Öz, 2006, s.18). Bu görüşe göre, bir mükellefin belirli bir dönem başındaki servet değeri ile dönem sonundaki servet değeri arasındaki fark esas alınacak, buna dönem içerinde yapılan tüketim eklenecek ve bulunan olumlu fark o yıl için elde edilmiş gelir sayılacaktır (Akdoğan, 2006, s. 247). Buraya kadar anlatılanları şu şekilde formüle etmek mümkündür (Şenyüz; Gerçek; Yüce, 2008, s. 4):

Gelir = Tüketim +/- Servetteki değişim

Gelir = Dönem içi tüketim + (Dönem sonu servet değeri – Dönem başı servet değeri)

193 sayılı Gelir Vergisi Kanunu'nun 1'inci maddesine göre gelir, "Bir gerçek kişinin bir takvim yılı içinde elde ettiği kazanç ve iratların safi tutarıdır." Gelir Vergisi Kanunu gelirin tanımı açısından kaynak teorisini esas almıştır. Ayrıca anılan kanuna göre gerçek kişilerin gelirleri gelir vergisine tabidir.

193 sayılı Kanunun 1'inci maddesinde yapılan tanım çerçevesinde gelirin özellikleri şunlardır (GKD, 2006, s. 4-5):

- Gelirin şahsilik özelliği,
- Gelirin yıllık olma özelliği,
- Gelirin gerçek ve safi olması özelliği,
- Gelirin elde edilmiş olması özelliği.

Gelir Vergisi Kanunu'nda gelirin tanımlanmasının ardından gelirin unsurları maddeler halinde sayılmıştır. Gelir Vergisi Kanunu'nun 2'nci maddesine göre gelire giren kazanç ve iratlar şunlardır:

- Ticari Kazançlar
- Zirai Kazançlar
- Serbest Meslek Kazançları
- Ücretler
- Gayrimenkul Sermaye İratları
- Menkul Sermaye İratları
- Diğer Kazanç ve İratlar

Gelir Vergisi Kanunu sayılan gelir unsurlarından ilk altı kazanç ve iratlar açısından kaynak teorisini, diğer kazanç ve iratlar açısından safi artış teorisini esas almaktadır.

2.2.2. Gelir Vergisi'nde Vergiyi Doğuran Olay

Gelir vergisinde vergiyi doğuran olay gelirin elde edilmesidir. Ancak, vergi kanunlarında elde etmenin tanımı yapılmamıştır. Genel olarak elde etme, geliri oluşturan kazanç ve iratlara hukuken ve iktisaden tasarruf edebilme olanağını ifade eder (Oruç, 2011, s. 130). Başka bir tanıma göre ise elde etme, bir değerin kişinin mal varlığına katılmasıdır (Şenyüz; Gerçek; Yüce, 2008, s.9). Kişi eğer sahibi bulunduğu geliri başkasına bağışlayabiliyor, onunla mal veya hizmet satın alabiliyor ve borçlarını ödeyebiliyorsa elde etmiş sayılır (GKD, 2006, s. 5).

Gelir Vergisi Kanununda elde etme, her bir kazanç türü açısından farklı esaslara bağlanmıştır. Anılan Kanunun kazanç ne iratları düzenleyen maddeleri incelendiğinde gelirin elde edilmesinde; "tahakkuk", "hukuki ve ekonomik tasarruf" ve "tahsil" olmak üzere üç farklı esasın dikkate alındığı sonucuna ulaşılmaktadır (Oruç, 2011, s.130).

Tahakkuk, gelirin mahiyet ve tutar itibariyle kesinleşmesidir. Hukuki tasarruf, gelirin sahibi tarafından talep edilebilir hale gelmesidir. Ekonomik tasarruf, gelirin ödemeyi yapacak olan tarafından gelirin sahibinin emrine amade kılınmasıdır. Bazı kaynaklarda hukuki ve ekonomik tasarruf iki farklı aşama olarak değerlendirilse de bu iki safha iç içedir. Fiili tasarruf olarak da adlandırılan tahsil esası ise, gelirin nakit veya ayın şeklinde maddi bir kıymet veya gayri maddi bir servet unsuru olarak, sahibinin mal varlığına dahil olmasını ifade eder (Özbalcı, 2007, s. 68-71).

2.2.3. Gelir Vergisi Açısından Eğitim Kurumu Kazancı

Gelir Vergisi Kanunu'nun 37'nci maddesinde her türlü ticari ve sınai faaliyetlerden doğan kazançlar ticari kazanç olduğu belirtilmiştir. Madde hükmünde ayrıca hangi faaliyetlerden doğan kazançların ticari kazanç sayılacağı tek tek sayılmıştır. Anılan Kanunun 37/3 maddesine göre; "*Özel okul ve hastanelerle benzeri yerlerin işletilmesinden elde edilen kazançlar ticari kazançtır.*"

Ancak GVK'da ticari kazanç ve ticari faaliyetlerin tanımı yapılmamış sadece genel bir kapsam belirlenmiştir. Kazancın tespitinde önemli bir yeri olan bu ifadelerin tanımlanması gerekmektedir. Özel hukuk alanında ticari ve sınai işlemlerle ilgili kurallar Ticaret Kanunu'nda düzenlenmiştir. Gelir Vergisi Kanunu açısından da anılan faaliyetlerin belirlenmesinde Ticaret Kanunu hükümlerinden yararlanılması mümkündür (Özbalcı, 2007, s. 283).

Türk Ticaret Kanunu'nun 3'üncü, 11'inci, 12'nci ve 13'üncü maddeleri ticari ve sınai faaliyetlerle ilgili olan hükümlerdir. Ticaret Kanunu'nda ticari ve sınai faaliyetler ticari işletmeye bağlanarak tanımlanmıştır ve 12'nci maddede hangi müesseselerin ticarethane sayılacağı ayrı ayrı belirtilmiştir. (Özbalcı, 2007, s. 285). Anılan Kanunun 12/f maddesine göre; "*Tiyatro, sinema, otel, han ve lokanta gibi umumi mahaller, hususi mektep ve hastane ve açık satış yerlerinin işletilmesi üzerine kurulan müesseseler ticarethane sayılır.*"

Gerek Türk Ticaret Kanunu'nun 12'nci maddesinin (f) bendinden gerekse Gelir Vergisi Kanunu'nun 37/3üncü maddesinden anlaşılacağı üzere özel okul işletmeciliğinden elde edilen kazançlar ticari kazançtır. Vergilendirme açısından belirleyici olan özel okul sahiplerinin hukuki durumudur. Gelir vergisi ile gerçek kişilerin gelirleri vergilendirilmektedir. Dolayısıyla özel öğretim kurumlarının gerçek kişilere ait olması durumunda gelir Vergisi Kanunu'nun ticari kazançlara ilişkin hükümleri doğrultusunda vergilendirme yapılacaktır (Kızılot, 1996, s. 679).

Yukarıda aktarılanlar 6762 sayılı Türk Ticaret Kanunu hükümleridir. 01.07.2012 tarihinde 6102 sayılı Türk Ticaret Kanunu yürürlüğe girecektir ve yeni kanunun 3'üncü ve 11'inci maddelerinde ticari iş ve ticari işletmeye yönelik hükümler yer almaktadır. 6102 sayılı Kanun'da ticari işler, 6762 sayılı Kanun'da olduğu gibi tek tek sayılmamıştır onun yerine genel açıklamalar yapılmıştır. 6102 sayılı Kanun'un 3'üncü maddesine göre; "Bu Kanunda düzenlenen hususlarla bir ticari işletmeyi ilgilendiren bütün işlem ve fiiller ticari işlerdendir." Anılan Kanunun 11'inci maddesinde ise ticari işletme tanımlanmıştır. Anılan madde hükmü şu şekildedir; "Ticari işletme, esnaf işletmesi için öngörülen sınırı aşan düzeyde gelir sağlamayı hedef tutan faaliyetlerin devamlı ve bağımsız bir şekilde yürütüldüğü işletmedir."

Yeni TTK' da, 6762 sayılı Kanundaki kadar ayrıntılı açıklamalar yapılmamıştır. Ancak yukarıda aktarılan maddeler itibariyle bakıldığında özel okul işletmeciliğinin 6102 sayılı Kanun uyarınca da ticari iş sayıldığı açıktır.

2.2.3.1. Kazancın Tespit Şekilleri

Özel öğretim kurumlarının elde ettikleri gelirler ticari kazanç sayıldığı için, ticari kazançlarla ilgili Gelir Vergisi Kanunu'nda yer alan esaslar özel okullar için de geçerlidir. Vergilendirme, ticari kazanç üzerinden, anılan kanun hükümleri çerçevesinde yapılacaktır.

Türk Vergi Sisteminde ticari kazanç başlıca iki usule göre tespit edilmektedir. Bunlar:

- Gerçek Usul
- Basit Usul'dür.

Ticari kazanç sahibi olan özel okul işletmelerinin kazançları tespit edilirken, faaliyet hacmi ve elde ettikleri kazancın miktarına göre kanunda sayılan usullerden uygun olanı kullanılır.

Kazançları gerçek usulde tespit edilen mükellefler birinci sınıf tacirler ve ikinci sınıf tacirler olmak üzere iki guruba ayrılırlar. Birinci sınıf tacirler bilanço esasına göre, ikinci sınıf tacirler işletme hesabı esasına göre defter tutarlar.

Bilanço esasına göre vergilendirilebilmek için gerekli şartlar ve kimlerin birinci sınıf tacir sayılacağına dair açıklamalar Vergi Usul Kanunu'nun 177'nci maddesinde yer almaktadır. Ticari kazanç sahiplerinin kazançlarını nasıl hesaplayacaklarına dair esaslar ise Gelir Vergisi Kanunu'nun 38'inci maddesinde hükme bağlanmıştır. Gelir Vergisi Kanunu'nun "Bilanço Esasında Ticari Kazancın Tespiti" başlıklı 38'inci maddesine göre;

"Bilanço esasına göre ticari kazanç, teşebbüsteki öz sermayenin hesap dönemi sonunda ve başındaki değerleri arasındaki müspet farktır. Bu dönem zarfında sahip veya sahiplerce:

1- İşletmeye ilave olunan değerler bu farktan indirilir;

2- İşletmeden çekilen değerler ise bu farka ilave olunur."

Kazancın bilanço esasına göre tespitinde, temel mali tablolar içerisinde en önemli olanı bilançodur. Bilanço, bir işletmenin belli bir tarihte sahip olduğu varlıklar ile bu varlıkların sağlandığı kaynakları gösteren ticari tablodur (Çabuk, 2009, s. 214). Türk Ticaret Kanunu'nun 74'üncü ve Vergi Usul Kanunu'nun 192'nci maddesinde bilançonun tanımı yapılmıştır. Her iki kanunda da aynı tanım yer almaktadır. Anılan kanun maddelerinde bilanço, "Envanterde gösterilen kıymetlerin tasnifli ve karşılıklı olarak değerleri itibariyle tertiplenmiş hülasasıdır" şeklinde tanımlanmıştır. Bilanço, uygulamada iki şekilde karşımıza çıkmaktadır. Türk Ticaret Kanunu ve diğer ilgili kanunlardaki ticari hükümlere göre düzenlenen bilançolara ticari bilançolar, vergi hukuku kurallarına göre düzenlenen bilançolara ise mali bilançolar denir. Her iki bilanço hizmet ettikleri amaç yönünden birbirinden ayrılmaktadır. Vergi bilançosu da denilen mali bilançonun dar anlamda nihai amacı, vergi matrahının tespitidir (Arslan, 2012, s.28).

Kazancı bilanço esasına göre tespit edilen mükellefler yevmiye defteri, defterikebir ve envanter defteri tutmak zorundadır.

İşletme hesabı esasına göre ticari kazanç, bir hesap dönemi içinde elde edilen hasılat ile giderler arasındaki müspet farktır. Kazancı işletme hesabı esasına göre tespit edilen mükellefler işletme hesabı defteri tutmakla yükümlüdür.

Kazanç tespitinde geçerli diğer yöntem basit usuldür. Basit usul kapsamında vergilendirilecek mükellefler Gelir Vergisi Kanunu'nda yer alan şartlar dahilinde belirlenir. Bu şartlar, genel şartlar ve özel şartlar olmak üzere iki gruba ayrılmıştır. Basit usulde vergilendirilebilmek için, genel ve özel şartlardan her ikisinin de yerine getirilmesi gerekmektedir. Ancak belirtilen şartlar ve iş hacmi ölçüleri özel okullar için çok düşük düzeydedir ve özel okulların basit usulden yararlanma olnağı bulunmamaktadır.

2.2.3.2. Kazanç Tespitinde Giderler

Gelir, bir gerçek kişinin bir takvim yılı içinde elde ettiği kazanç ve iratların safi tutarıdır. Gelir Vergisi Kanunu'nda yer alan bu tanımdan hareketle, gelirin özelliklerinden biri gelirin safi olmasıdır. Gelirin safi olması demek, gelirin elde edilmesi sırasında yapılan giderlerin gayrisafi hasılattan indirilmesinden sonra kalan kısmın vergiye tabi gelir olarak alınması demektir. Ticari kazanç sahipleri açısından gelirin safi tutarının belirlenmesi için hangi giderlerin kanunen kabul edilen, hangilerinin kabul edilmeyen giderler olduğu Gelir Vergisi Kanunu'nun 40 ve 41'inci maddelerinde açıklanmaktadır.

Gerçek usulde vergilendirilen ve ticari kazanç sahibi olan özel okullar, gelirlerinin safi tutarını hesaplarken, yaptıkları giderleri kanunda belirtilen esaslara göre kazançlarının gayrisafi tutarından indirirler. Nitekim Gelir Vergisi Kanunu'nun 38 ve 39'uncu maddelerinde ticari kazancın gerçek usulde tespit edilmesi sırasında aynı kanunun 40 ve 41inci maddelerinde belirtilen hükümlere uyulması gerektiği açıklanmıştır. GVK'nun 40'ıncı maddesinde gayrisafi hasılattan indirilebilecek giderler, 41'inci maddesinde indirilemeyecek giderler sayılmıştır.

Özel öğretim kurumları açısından en fazla kullanılan gider çeşidi, kazanç elde edilmesi ve idame ettirilmesi için yapılan genel giderler ile personel giderleridir. Ayrıca amortisman giderleri de önemli bir gider kalemidir. Kanunda sayılan ve bunların dışında kalan giderler de sırası geldikçe kullanılmaktadır. Ancak yukarıda bahsedilen giderler kadar fazla kullanılmamaktadır.

2.2.4. Özel Eğitim Kurumları İstisnası

Beşinci beş yıllık kalkınma planından başlamak üzere özel okulların teşvik edilmesi devlet politikası olarak belirlenmiştir (Gümüşay, 2005, s. 97). Bu politikanın bir parçası olarak getirilen eğitim öğretim kazançları istisnası ile ilgili düzenlemeler 5228 sayılı Kanunun[9] 27 ve 30'uncu maddelerinde yer almaktadır. 5228 sayılı Kanunun gerekçesinde; "Vergi reform sürecinin önceki aşamalarında eğitim alanında ciddi vergi teşvikleri sağlanmıştır. Ülkemizin geleceği olan çocuklarımızın eğitimi her şeyden öncelikli olup bu tasarı ile de bu alandaki teşviklere devam edilmektedir " açıklaması yer almaktadır. Ayrıca yine aynı kanun gerekçesinde, vergilendirmede bir yapılanma süreci içinde bulunulduğu ve bu sürecin üç aşamalı bir strateji çerçevesinde yürütüldüğünden bahsedilmektedir.

5228 sayılı Kanunun 27'nci maddesi ile 193 sayılı Gelir Vergisi Kanunu'nun 20'nci maddesi "Eğitim Öğretim İşletmelerinde Kazanç İstisnası" başlığı altında şu şekilde düzenlenmiştir: "Okul öncesi eğitim, ilköğretim, özel eğitim ve ortaöğretim özel okullarının işletilmesinden elde edilen kazançlar, ilgili bakanlığın görüşü alınmak suretiyle Maliye Bakanlığı'nın belirleyeceği usul ve esaslar çerçevesinde beş vergilendirme dönemi gelir vergisinden müstesnadır. İstisna okulların faaliyete geçtiği

[9] 31.07.2004 tarih ve 25539 sayılı Resmi Gazete'de yayımlanmıştır.

vergilendirme döneminden itibaren başlar." Anılan Kanunun 30'uncu maddesinde de 5422 sayılı Kurumlar Vergisi Kanunu'nda istisna uygulaması kapsamında değişiklikler yapılmıştır. Madde hükmüne yönelik açıklamalar Kurumlar Vergisi başlığı altında yapılacaktır.

Eğitimin özel sektöre açılması konusunda ilk ciddi adım olan 625 sayılı Özel Öğretim Kurumlar Kanunu'nun 3'üncü maddesinin 2'nci fıkrasında, özel kreşler, anaokulları ve meslek teknik okulları ile kalkınmada öncelikli yörelerde açılacak özel okulların öğretime başladıkları tarihten itibaren 5 yıl süreyle gelir vergisi ve kurumlar vergisinden muaf tutulacakları, diğer bölgelerde açılacak özel okulların ise bu muafiyetten bir yıl süreyle yararlanacakları belirtilmiştir.

Eğitim öğretim tesisleri ile ilgili olarak vergi kanunlarında yer alan ilk istisna düzenlemesi 01.01.1986 tarihinde 3239 sayılı Kanunla yapılmış ve 193 sayılı Gelir Vergisi Kanunu'na mükerrer 20'nci madde[10] eklenmiştir. Ancak anılan madde 3946 sayılı Kanunla 1994 yılında yürürlükten kaldırılmıştır (Özbalcı, 2007, s. 172). Günümüzde geçerliliğini koruyan en son düzenleme ise yukarıda belirtildiği üzere 5228 sayılı Kanunla getirilen Gelir Vergisi Kanunu'nun 20'nci maddesidir.

5228 sayılı Kanunda yer alan istisna hükümleri bu maddelerle sınırlı değildir. Ayrıca Kanunun Geçici 1'inci maddesi ile istisna uygulamasına yönelik bir geçiş düzenlemesi yapılmıştır. Geçici 1'inci maddeye göre, "01.01.2004 tarihinden önce faaliyete geçen özel kreşler, anaokulları ve meslek teknik okulları ile kalkınmada öncelikli yörelerde açılan özel

[10] Mükerrer Madde 20: Okul,kreş ve spor tesisleri ile 50 yatak (kalkınmada öncelikli yörelerde 35 yatak) kapasitesinden az olmamak üzere, yurt ve sağlık tesislerinin (huzurevleri dahil) işletmesinden elde edilen kazançlar, ilgili bakanlığın görüşü alınmak suretiyle Maliye Bakanlığı'nın belirleyeceği usul ve esaslar dahilinde 5 yıl süreyle gelir vergisinden müstesna tutulmuştur. İstisna, kuruluşların faaliyete geçtiği tarihten itibaren başlar.
Bu kuruluşların kalkınmada öncelikli yörelerde kurulması halinde bunlardan elde edilecek kazançlar yukarıdaki şartlar dahilinde 10 yıl süreyle gelir vergisinden müstesna tutulur.

okullarla ilgili olarak, 08.06.1965 tarihli ve 625 sayılı Özel Öğretim Kurumları Kanunu'nun 3'üncü maddesinin bu kanunla değiştirilmeden önceki hükmü uygulanır. Bu işlemlerden elde edilen kazançlar hakkında Gelir Vergisi Kanunu'nun 20'nci maddesi ile Kurumlar Vergisi Kanunu'nun 8'inci maddesinin birinci fıkrasının (8) numaralı bent hükümleri uygulanmaz." Aynı Kanunun 42'nci maddesi ile de 625 sayılı Özel Öğretim Kurumları Kanunu'nun 3/2 maddesinde yer alan vergisel teşvikler madde metninden çıkarılmıştır. Çünkü 5228 sayılı Kanunla getirilen teşvikler eskisine oranla daha kapsamlıdır (Altıntop, 2006, s. 64-65).

İstisna uygulaması ile ilgili gerekli açıklamalar 25.11.2004 tarihli ve 254 Seri No'lu Gelir Vergisi Genel Tebliği'nde[11] yer almaktadır.

2.2.4.1. İstisnanın Kapsamı

Eğitim ve öğretim işletmelerine tanınan kazanç istisnası ticari kazanç mükellefleri ile Özel Öğretim Kurumları Kanunu kapsamında işletilen okul öncesi eğitim, ilköğretim, özel eğitim ve ortaöğretim özel okullarından elde edilen kazançlara uygulanmaktadır.

İstisna uygulaması aynı zamanda Bakanlar Kurulunca vergi muafiyeti tanınan veya kamu yararına çalışan derneklere bağlı rehabilitasyon merkezleri için de geçerlidir. İstisna kapsamında yer alan okullar için 5228 sayılı Kanunun gerekçesinde şu açıklamalar yapılmıştır: Bu maddede geçen,

Okul Öncesi Eğitim Okulu, 1739 sayılı Milli Eğitim Temel Kanunu'nun 19, 20 ve 21'inci maddelerine göre kurulan ve mecburi ilköğretim çağına gelmemiş çocukların eğitimini sağlayan okulları,

---

[11] 25.11.2004 tarih ve 25651 sayılı Resmi gazete'de yayımlanmıştır.

İlköğretim Okulu, 1739 sayılı Kanun'un 22-25'inci maddelerinde belirtilen ve 6-13 yaşlarındaki çocukların eğitim ve öğretimini sağlayan okulları,

Ortaöğretim Okulları, 1739 sayılı Kanun'un 26-30'uncu maddelerinde belirtilen ilköğretime dayalı, dört yıllık zorunlu örgün veya yaygın öğrenim veren genel, mesleki ve teknik öğretim okullarını,

Özel Eğitim Okulları, engelliler için açılan okul öncesi, ilköğretim ve ortaöğretim okullarını, ifade etmektedir.

İstisna okulların eğitim öğretim faaliyetlerinden elde edilen kazançlara uygulanacaktır. Dolayısıyla, eğitim tesisleri ile rehabilitasyon merkezlerinde yer alan kantin, büfe, kafeterya, kitap satış yeri gibi tesislerin gerek bizzat işletilmesinden gerekse kiraya verilmesinden elde edilen kazançlara istisna uygulanması söz konusu değildir. Ancak, yemek ve konaklama hizmetlerinin de okul bünyesinde verildiği ve yemek ve yatma bedelinin okul ücretine dahil olduğu durumlarda, herhangi bir ayrıma tabi tutulmaksızın elde edilen kazanca istisna uygulanacaktır. Burada temel şart, yapılan hizmetin eğitim ve öğretim hizmeti sayılması ile bizzat okul işletmelerince sağlanmış olmasıdır (Güzel ve Sivrikaya, 2005, s. 25).

Yukarıda belirtilenlerin dışında kalan; öğrencileri istedikleri derslere yetiştirmek, bilgi düzeylerini yükseltmek amacıyla faaliyet gösteren dershaneler ve kişilerin sosyal, kültürel ve mesleki alanlarda bilgi, beceri, yetenek ve deneyimlerini geliştirmek veya serbest zamanlarını değerlendirmek üzere faaliyet gösteren özel öğretim kurumları (üniversiteye veya Anadolu liselerine hazırlık, bilgisayar, sürücü, dans, bale ve spor kursları gibi) ile öğrenci etüt merkezlerinin işletilmesinden elde edilen kazançlar hakkında istisna uygulanmayacaktır.

Diğer taraftan, 01.01.2004 tarihinden önce faaliyete geçmiş bulunan okulların işletmesinden elde edilen kazançlar ile bu okulları 01.01.2004 tarihinden sonra devralanlar tarafından işletmesinden elde edilen kazançlar istisna uygulaması dışında bulunmaktadır.

2.2.4.2. İstisnadan Yararlanma Koşulları

5228 sayılı Kanunla getirilen kazanç istisnasından yararlanmak isteyen özel öğretim kurumları için gerekli olan şartlar şunlardır (Öner, 2005, s. 33):

- Özel öğretim kurumlarının 01.01.2004 tarihinden sonra faaliyete geçmiş olması,
- Özel öğretim kurumu kurucularının Maliye Bakanlığı'na yazılı olarak başvurması,
- Başvurular üzerine Maliye Bakanlığınca ilgili bakanlıktan görüş alınması.

2.2.4.3. İstisna Uygulamasında Süre Kapsamı

Gelir ve Kurumlar Vergisi Kanunlarında yapılan düzenleme 01.01.2004 tarihinden geçerli olmak üzere yürürlüğe girmiş olduğundan, 01.01.2004 tarihinden itibaren faaliyete geçen özel okulların kazançları, faaliyete geçilen dönemden itibaren 5 vergilendirme döneminde vergiden istisna olacaktır. Bu beş vergilendirme döneminin sona ermesi ile 193 sayılı Gelir Vergisi Kanunu'nun 37'nci maddesinde yer alan "Özel okul ve hastanelerle benzeri yerlerin işletilmesinden elde edilen kazançlar ticari kazanç hükmündedir" ibaresine dayanarak ilgili eğitim kurumları gelir vergisi mükellefi sayılırlar (Öz ve Buyrukoğlu, 2011, s. 83). Ayrıca, istisnadan yararlanma süresi eğitim dönemine göre değil vergilendirme dönemine göre belirlenecektir. Bu yüzden, mükelleflerin özel hesap dönemi tercih etmeleri lehlerine olacaktır (Çalışkan, 2004, s. 64).

01.01.2004 tarihinden önce faaliyete geçen özel okullar için 5228 sayılı Kanunun geçici birinci maddesi uygulanacaktır. Söz konusu kanunun geçici birinci maddesi bir geçiş düzenlemesi niteliğindedir.

Kurum açma izninin daha önceki bir tarihi taşıması, istisna uygulamasının süresini değiştirmeyecektir. Önemli olan kurumun faaliyete geçme tarihidir. Örneğin, kurum açma izin belgesini 2008 yılında alan bir işletmenin Eylül 2009 tarihinde faaliyete geçmesi halinde, bu okulun işletilmesinden elde edilen kazançlara uygulanacak istisna 2009-2013 vergilendirme dönemlerine yönelik olarak uygulanacaktır.

2.2.4.4. İstisna Süresi İçinde Yeni Okul Veya Merkez Yapılması

Eğitim öğretim işletmeleri kazanç istisnasından yararlanan mükelleflerin, işletilen okul ve merkezlere ilave olarak yeni okul veya merkez açmaları durumunda, yeni açılan okul veya merkezden elde edilen kazanç istisna uygulaması açısından ayrı bir birim olarak değerlendirilecektir. Başka bir ifadeyle, istisna uygulaması okul veya merkez bazında yapılacaktır. Örneğin, vergi mükellefi olan Bay (A) Kayseri'de 2006 yılında bir özel ilköğretim okulu işletmeye başladı. 2007 yılında da Ankara'da yeni bir okul açarak faaliyete başladı. Bu durumda, Kayseri'deki okuldan elde ettiği kazanç 2006 ve 2010 yılları dahil olmak üzere istisna kapsamında olacak, Ankara'da faaliyete geçen okuldan elde edilen kazanç ise 2007 ve 2011 yılları dahil olmak üzere istisna kapsamında olacaktır. Bu bakımdan, istisna uygulaması açısından, mükelleflerin kayıtlarını farklı yıllarda faaliyet geçen işletmelerden elde edilen kazançları ayrı ayrı tespit etmeye imkan verecek şekilde tutmaları gerekir. Ayrıca, mevcut okul kapasitesinin genişletilmesi veya başka bir binaya taşınılması hallerinde istisna uygulaması söz konusu olmayacaktır.

2.2.4.5. İstisna Kapsamındaki Kazancın Dağıtılması

Gelir Vergisi Kanunu'nun 94/6-b alt bendinde 4842 sayılı Kanunla yapılan değişiklikle kar payları üzerinden vergi tevkifatı, kar payına kaynak teşkile den kurum kazancının istisna olup olmadığına bakılmaksızın karın dağıtılması aşamasına bırakılmış durumdadır. Bu kapsamda, eğitim öğretim işletmeleriyle rehabilitasyon merkezlerinden sağlanan kazançların dağıtılması durumunda, dağıtılan kazançlar üzerinden söz konusu madde uyarınca % 10 oranında gelir vergisi tevkifatı yapılacaktır.

2.3. ÖZEL ÖĞRETİM KURUMLARININ KURUMLAR VERGİSİ AÇISINDAN DEĞERLENDİRİLMESİ

Kurumlar vergisi bir randıman vergisidir, verginin konusu ise, belirli kurumlarca elde edilen kurum kazancıdır (Özbalcı, 2008, s. 47). Türk Vergi Sisteminde kurum kazançları, 5520 sayılı Kurumlar Vergisi Kanunu'nda[12] yer alan hüküm ve esaslara göre vergilendirilmektedir.

Kurumlar vergisinin konusunu belirleyebilmek için ilk olarak kurum kazancının niteliğinin anlaşılması gerekir. Kurumlar Vergisi Kanunu'nun "Verginin Konusu" başlıklı birinci maddesinde hangi kurumların elde ettiği kazançların kurumlar vergisine tabi olduğu ve kurum kazançlarının mahiyeti hüküm altına alınmıştır. Kurumlar Vergisi Kanunu madde 1'e göre;

"Aşağıda sayılan kurumların kazançları, kurumlar vergisine tabidir:

a) Sermaye şirketleri,

b) Kooperatifler,

---

[12] 21.06.2006 tarih ve 26205 Sayılı Resmi Gazete'de yayımlanmıştır.

c) İktisadi kamu kuruluşları,

d) Dernek veya vakıflara ait iktisadi işletmeler,

e) İş ortaklıkları.

Kurum kazancı, gelir vergisinin konusuna giren kazanç ve iratlardan oluşur."

Gelir vergisinin konusuna giren kazanç ve iratlar, Gelir Vergisi Kanunu'nun 2'nci maddesinde sayılmıştır. Kurumlar vergisi mükelleflerinin, söz konusu gelir unsurlarından oluşan kazançları niteliğine bakılmaksızın ve toplu olarak kurum kazancı olarak adlandırılmaktadır. Dolayısıyla, kurumlar vergisi mükelleflerinin elde etmiş oldukları gelir vergisinin konusuna giren ve yukarıdaki gelir unsurlarından oluşan kurum kazançları, kurumlar vergisine tabi olacaktır (Vural, 2009, s.47).

Kurumlar Vergisi Kanunu'nun 1'inci maddesinde verginin konusu belirlenirken, vergi mükellefleri de ismen sayılmıştır. Aynı kanunun 2'nci maddesinde ise bu kurumlara yönelik açıklamalar yapılmıştır. KVK'nın "mükellefler" başlığı altında düzenlenen 2'nci maddesinde mükellef kurumların özelliklerine dair özetle şu açıklamalar yapılmıştır:

Sermaye Şirketleri: 29.06.1956 tarih ve 6762 sayılı Türk Ticaret Kanunu hükümlerine göre kurulmuş olan anonim, limited ve sermayesi paylara bölünmüş komandit şirketler ile benzer nitelikteki yabancı kurumlar sermaye şirketidir.

Kooperatifler: 24.04.1969 tarihli ve 1163 sayılı Kooperatifler Kanunu'na veya özel kanunlarına göre kurulan kooperatifler ile benzer nitelikteki yabancı kooperatifleri ifade eder.

İktisadi Kamu Kuruluşları: Devlete, il özel idarelerine, belediyelere, diğer kamu idarelerine ve kuruluşlarına ait veya bağlı olup, faaliyetleri devamlı bulunan ve birinci ve ikinci fıkralar dışında kalan ticari, sınai ve zirai işletmeler iktisadi kamu kuruluşudur. Yabancı devletlere, yabancı kamu idare ve kuruluşlarına ait veya bağlı olup, bu maddenin birinci ve ikinci fıkraları dışında kalan ticari, sınai ve zirai işletmeler, iktisadi kamu kuruluşu gibi değerlendirilir.

Dernek veya Vakıflara Ait İktisadi İşletmeler: Dernek veya vakıflara ait veya bağlı olup faaliyetleri devamlı bulunan ve bu maddenin birinci ve ikinci fıkraları dışında kalan ticari, sınai ve zirai işletmeler ile benzer nitelikteki yabancı işletmeler, dernek veya vakıfların iktisadi işletmeleridir. Bu kanunun uygulanmasında sendikalar dernek; cemaatler ise vakıf sayılır.

İş Ortaklıkları: Yukarıdaki fıkralarda yazılı kurumların kendi aralarında veya şahıs ortaklıkları ya da gerçek kişilerle, belli bir işin birlikte yapılmasını ortaklaşa yüklenmek ve kazancını paylaşmak amacıyla kurdukları ortaklıklardan bu şekilde mükellefiyet tesis edilmesini talep edenler iş ortaklıklarıdır.

Kurumlar vergisi mükellefleri ile ilgili olarak üzerinde durulması gereken önemli bir konu, kurumlar vergisine tabi olacak mükelleflerin, mutlak surette tüzel kişiliklerinin bulunması gerekmeyeceğidir. Zira bunun için, Kurumlar Vergisi Kanunu'nun mükellefleri belirleyen birinci maddesinde "şirket" deyimi değil "kurum" ibaresi kullanılmıştır (Uysal ve Eroğlu, 2008, s.70).

5520 sayılı kanunda, yukarıda sayılan kurumlar vergisi mükellefleri yurt dışında elde ettikleri kazançların Türkiye'de vergilendirilip vergilendirilmemesi açısından tam ve dar mükellef olarak ikiye ayrılmaktadır. Buna göre, kanuni veya iş merkezi Türkiye'de bulunan kurumlar tam mükellef olarak adlandırılmakta ve gerek Türkiye'de gerekse yurt dışında elde ettikleri kazançların tamamı üzerinden vergilendirilmektedir. Buna karşılık kanuni ve iş merkezi Türkiye'de bulunmayan kurumlar ise dar mükellef olarak adlandırılmakta ve sadece Türkiye'de elde ettikleri kurum kazançları üzerinden vergilendirilmektedir (Tekin ve Kartaloğlu, 2007, s.37-38).

Kurumlar vergisi mükelleflerinin tam mükellefiyet ya da dar mükellefiyet esasında vergilendirilmesinde kanuni veya iş merkezinin Türkiye'de bulunup bulunmaması önem taşımaktadır. Kurumlar Vergisi Kanunu'nda yer alan tanımlarına göre;

Kanuni merkez, vergiye tabi kurumların kuruluş kanunlarında, tüzüklerinde, ana statülerinde veya sözleşmelerinde gösterilen merkezdir.

İş merkezi ise, iş bakımından işlemlerin fiilen toplandığı ve yönetildiği merkezleri ifade etmektedir.

2.3.2. Kurum Kazancının Tespiti

Kurumlar Vergisi Kanunu'nun 1'inci maddesine göre kurum kazancı Gelir Vergisinin konusuna giren kazanç ve iratlardan oluşmaktadır. Gelir vergisinin konusuna giren gelir unsurları, Gelir Vergisi Kanunu'nun ikinci maddesinde yedi bent halinde sayılmıştır. Kurumlar Vergisi mükelleflerinin söz konusu gelir unsurlarından oluşan kazançlarının niteliğine bakılmaksızın kurum kazancı olarak değerlendirileceği daha önceki bölümlerde belirtilmiştir.

Kurumlar Vergisi Kanunu'nun 6'ncı maddesine göre, kurumlar vergisi safi kurum kazancı üzerinden hesaplanır. Safi kurum kazancının tespitinde, Gelir Vergisi Kanunu'nun ticari kazanç hakkındaki hükümleri uygulanır. Zirai faaliyetle uğraşan kurumların bu faaliyetinden doğan kazançlarının tespitinde, Gelir Vergisi Kanunu'nun 59'uncu maddesinin son fıkra hükmü de dikkate alınacaktır.

Anılan kanunda ticari kazanç gibi hesaplanan kurum kazancının tespitinde Kurumlar Vergisi Kanunu'nun 8'inci maddesinde yazılı giderlerin de ayrıca hasılattan indirilebileceği belirtilmektedir. Dolayısıyla kurumlar vergisi mükellefi olan özel öğretim kurumları, saf kurum kazancını hesaplarken, GVK'nın 40 ve 41'inci maddesinde yer alan giderleri ve bunlara ek olarak KVK'nın 8'inci maddesinde yazılı olan giderleri dikkate alacaklardır.

Ayrıca vergi matrahının tespitinde, kurumlar vergisi beyannamesinde her yıla ilişkin tutarlar ayrı ayrı gösterilmek şartıyla Kurumlar Vergisi Kanunu'nun 9'uncu maddesinde yazılı zararların indirim konusu yapılması mümkündür. Ayrıca vergi matrahının tespitinde, kurumlar vergisi beyannamesi üzerinde gösterilmesi şartıyla, kurum kazancından aynı kanunun "diğer indirimler" başlıklı 10'uncu maddesinde belirtilen indirimler yapılır.

2.3.3. Kurumlar Vergisi Kanunu'nda Yer Alan Eğitim Öğretim Kazançları İstisnası

Kurumlar vergisi mükellefi olan özel okul işletmelerinin bu faaliyetlerinden elde ettikleri kazançlar, söz konusu kurumların faaliyete geçtiği hesap döneminden başlamak üzere, beş hesap dönemi vergiden istisna edilmiştir. Bu husus, 5520 sayılı Kurumlar Vergisi Kanunu'nun 5'inci maddesinde hüküm altına alınmıştır.

5520 sayılı Kurumlar Vergisi Kanunu'nun 5'inci maddesine göre;

"Okul öncesi eğitim, ilköğretim, özel eğitim ve ortaöğretim özel okulları ile Bakanlar Kurulunca vergi muafiyeti tanınan vakıflara veya kamu yararına çalışan derneklere bağlı rehabilitasyon merkezlerinin işletilmesinden, ilgili bakanlığın görüşü alınmak suretiyle Maliye Bakanlığı'nın belirleyeceği usuller çerçevesinde beş hesap dönemi itibarıyla elde edilen kazançlar kurumlar vergisinden müstesnadır (istisna, belirtilen okulların ve rehabilitasyon merkezlerinin faaliyete geçtiği hesap döneminden itibaren başlar)."

Anılan madde hükmü 2006 yılından itibaren uygulanmaya başlamıştır. 2006 yılından önce de kurumlar vergisi mükellefi olan özel öğretim kurumlarına yönelik olarak uygulanan vergi istisnaları uygulaması söz konusu olmuştur.

5520 sayılı Kanunla yürürlükten kaldırılan 5422 sayılı Kurumlar Vergisi Kanunu'na 1985 yılında 3239 sayılı Kanunla[13] eklenen 8'inci maddesinin 15'inci bendine göre, okul, kreş ve spor tesisleri ile 50 yatak (kalkınmada öncelikli yörelerde 35 yatak) kapasitesinden az olmamak üzere yurt ve sağlık tesislerinin (huzurevleri dahil) işletilmesinden elde edilen kazançlar, ilgili bakanlığın görüşü alınmak suretiyle Maliye Bakanlığı'nın belirleyeceği usul ve esaslar dahilinde 5 yıl süreyle kurumlar vergisinden müstesna tutulacağı belirtilmiştir. Söz konusu istisna, 3946 sayılı Kanunla[14] yürürlükten kaldırılmıştır. Ancak aynı kanunla Kurumlar Vergisi Kanunu'na eklenen geçici 21'inci maddenin birinci fıkrasının (c) bendi uyarınca, söz konusu istisnadan yararlanmakta olan kurumların müktesep hakları korunarak, istisna süresi sona erinceye kadar bu istisnadan yararlanmaları öngörülmüştür. Bu çerçevede, 3946 sayılı Kanunla yürürlükten kalkan bu istisna hükmü, 01.01.1994 tarihinden önce faaliyete

[13] 11.12.1985 tarih ve 18955 sayılı Resmi Gazete'de yayımlanmıştır.
[14] 30.12.1993 tarih ve 21804 sayılı Resmi Gazete'de yayımlanmıştır.

geçen işletmelerin kazançları hakkında istisna süresi sona erinceye kadar uygulanmıştır (Altıntop, 2006, s. 66).

3946 sayılı Kanunla yürürlükten kaldırılan öğretim kurumlarına yönelik kazanç istisnası 10 yıl sonra 5228 sayılı Kanunla yeniden uygulamaya koyulmuştur. 2004 yılında kabul edilen 5228 sayılı Kanunun 30'uncu maddesiyle 5422 sayılı Kurumlar Vergisi Kanunu'nun 8'inci maddesine 8 numaralı bent eklenmiştir. İstisna maddesinin kanuna eklenmesinden yaklaşık iki yıl sonra, 2006 yılında 5422 sayılı Kurumlar Vergisi Kanunu yürürlükten kaldırılmıştır. Ancak, 5422 sayılı Kanun'un 8'inci maddesinde yer alan istisna hükmü 5520 sayılı Kanun'da aynen yer almaktadır. Yukarıda bahsedilen ve 5520 sayılı Kanun'un 5'inci maddesinin "ı" bendinde yer alan istisna hükmü, 5228 sayılı Kanun'la eklenen hükmün aynısıdır. Anılan maddede yer alan istisna ile özel kesimin eğitim faaliyetlerine yatırım yapması teşvik edilmektedir.

Eğitim öğretim işletmelerine tanınan kazanç istisnası okul öncesi eğitim, ilköğretim, özel eğitim ve ortaöğretim özel okullarının işletilmesinden elde edilen kazançlar ile Bakanlar Kurulunca vergi muafiyeti tanınan vakıflara veya kamu yararına çalışan derneklere bağlı rehabilitasyon merkezlerinin işletilmesinden elde edilen kazançlara uygulanacaktır[15].

İstisna kapsamına giren kazançlar, okulların eğitim öğretim faaliyetinden elde ettikleri kazançlarıdır. Dolayısıyla, eğitim tesislerinde yer alan büfe, kantin, kafeterya, kitap satış yeri gibi tesislerin gerek bizzat işletilmesinden

---

[15] 1 seri numaralı Kurumlar Vergisi genel Tebliğinde istisna kapsamı şu şekilde ifade edilmiştir: "Kurumlar Vergisi Kanunu'nun 5'inci maddesinin birinci fıkrasının (ı) bendi ile eğitim ve öğretim işletmelerine tanınan kazanç istisnası; 625 sayılı Özel Öğretim Kurumları Kanunu kapsamında yer alan okul öncesi eğitim, ilköğretim, özel eğitim ve ortaöğretim özel okullarının işletilmesinden elde edilen kazançlara uygulanacaktır." Anılan tebliğde, 625 sayılı Özel Öğretim Kurumları Kanunu kapsamında olan özel okullardan bahsedilmiştir. Ancak, 1 seri numaralı tebliğin yürürlüğe girdiği tarihte 625 sayılı Kanun yürürlükten kaldırılmış, yerine 5580 sayılı Özel Öğretim Kurumları Kanunu uygulanmaya başlamıştır. Dolayısıyla istisna, 5580 saylı Kanun Kapsamında yer alan özel okullar için uygulanacaktır.

gerekse kiraya verilmesinden elde edilen kazançlara istisna uygulanması söz konusu değildir. Ayrıca öğrencileri istedikleri derslere yetiştirmek, bilgi düzeylerini artırmak amacıyla faaliyet gösteren dershaneler ile kişilerin sosyal, kültürel ve mesleki alanlarda bilgi, beceri, yetenek ve deneyimlerini geliştirmek veya serbest zamanlarını değerlendirmek üzere faaliyet gösteren özel öğretim kurumları (üniversiteye veya liselere hazırlık, bilgisayar, sürücü, dans, bale, mankenlik ve spor kursları gibi) ile öğrenci etüt eğitim merkezlerinin işletilmesinden elde edilen kazançlar hakkında istisna uygulanmayacaktır.

Özel eğitim ve öğretim kurumlarının söz konusu istisnadan yararlanabilmesi için bu kurumların 01.01.2006 tarihinden itibaren faaliyete geçmiş olmaları gerekmektedir. 01.01.2004–31.12.2005 tarihleri arasında faaliyete geçen özel okullarla ilgili olarak mülga 5422 sayılı Kurumlar Vergisi Kanunu hükümleri uygulanacaktır.

İstisnadan yararlanmak isteyen mükelleflerin faaliyete geçmelerini müteakiben Maliye Bakanlığı'na yazılı olarak başvurmaları gerekmektedir. İstisna uygulamasına ilişkin olarak ilgili Bakanlığın görüşü alınmak suretiyle mükelleflerin istisnadan yararlanmasına Maliye Bakanlığı'nca karar verilecektir (Küçük, 2011, s. 146).

İstisna süresi içinde zarar eden kurumların bu zararlarının, istisna süresi bittikten sonraki dönem kazançlarından mahsubu mümkün değildir. Zira kazancın vergiden istisna olduğu döneme ilişkin zararların sonraki dönem karlarına mahsubu düşünülemez (Ürel, 2009, s. 159).

Gelir vergisi mükellefleri için uygulanan eğitim öğretim kazançları istisnası konusunda yapılan, istisna kapsamına giren okullar, istisna usul ve esasları ile istisna uygulanmasında özellik gösteren durumlara yönelik yapılan açıklamalar kurumlar vergisi mükellefi olan özel öğretim kurumları için de aynen geçerlidir. Bu nedenle burada aynı hususlar tekrar edilmemiştir.

2.4. ÖZEL ÖĞRETİM KURUMLARININ KATMA DEĞER VERGİSİ AÇISINDAN DEĞERLENDİRİLMESİ

Eğitim hizmeti, Katma Değer Vergisi Kanunu'nun 1'inci maddesi uyarınca KDV'ye tabidir. Uygulamada eğitim öğretim hizmetlerinde KDV'yi doğuran olay, KDV istisnası gibi özellikli noktalar bulunmaktadır ve burada bu konular hakkında bilgi verilecektir.

2.4.1. KDV Hakkında Genel Bilgiler

KDV; GVK hükümlerine göre tanımlanan ticari, zirai ve serbest meslek faaliyeti kapsamında bulunan tüm mal teslimleri ile hizmet ifalarının ilk üretiminden nihai tüketiciye satılıncaya kadar geçtiği her aşamada satıcı fiyatı üzerine ve bu fiyatla orantılı olarak konulan ve bir önceki aşamada yüklenilen KDV'nin indirilmesine imkan veren bir tüketim vergisidir (Değer, 2011, s. 89). Üretim sürecinin bütün aşamalarında uygulanan KDV, yayılı muamele vergisi özelliği taşımaktadır. Kümülatif vergi adı da verilen yayılı muamele vergileri kapsamına dahil bulunan mallar, üretimden tüketime kadar geçen iktisadi aşamaların her birinde ayrı ayrı vergilendirilir (Nadaroğlu, 1998, s. 361). Ancak bu sürecin her bir basamağında yer alanlar (imalatçılar, toptancılar, perakendeciler) KDV'yi kendi fiyatlarına yansıtmakta ve KDV'de uygulanan vergiden vergi indirimi mekanizması ile ödedikleri KDV'yi tahsil ettikleri KDV'den indirmektedir. Sonuç itibariyle, devletin kasasına giren KDV, nihai tüketiciden tahsil edilen KDV tutarına eşit olmaktadır. Başka bir ifadeyle, üretici, toptancı, perakendeci KDV ödüyor gibi görünse de vergi yükü bütünüyle nihai tüketici tarafından üstlenilmektedir.

İlk kez Alman sanayici Von Siemens tarafından bir harcama vergisi olarak önerilen KDV, önceleri sadece imalat aşamasında uygulanan bir vergi iken, 1954 yılından başlayarak tüketim tipi vergiye dönüştürülmüştür. Avrupa'da KDV'nin ilk olarak uygulandığı ülke Fransa'dır (Değer, 2011, s. 81). Türkiye'de KDV uygulamasına 1985 yılından itibaren geçilmiştir. Günümüzde de uygulanmasına devam edilen 3065 Sayılı Katma Değer Vergisi Kanunu, 25.10.1984 tarihinde kabul edilmiş, 02.11.1984'te 18563 Sayılı Resmi Gazete'de yayımlanarak, 01.01.1985 tarihinde yürürlüğe girmiştir. Katma Değer vergisine geçiş aşamasında, yatırımların teşvik edilmesi, ihracatın teşvik edilmesi, ihtisaslaşmanın teşviki gibi ekonomik nedenlerin yanı sıra; vergi adaletinin sağlanması, vergi gelirlerinin artması, vergi kaçağının önlenmesi gibi mali nedenler etkili olmuştur.

Katma değer vergisine geçilmesi, Türkiye açısından bir reform niteliği taşımaktadır. 1985 yılına kadar mal ve hizmetlerin üretim safhası ve tüketicilere sunum safhasında uygulanan 8 adet vergi KDV uygulanması ile yürürlükten kaldırılmıştır. Uygulamadan kaldırılan bu vergiler, dahilde alınan istihsal vergisi, nakliyat vergisi, ithalde alınan istihsal vergisi, nakliyat vergisi, PTT hizmetleri vergisi, ilan ve reklam hizmetleri vergisi, işletme vergisi, spor-toto vergisi, şeker istihlak vergisi'nden oluşmaktadır.

KDV nitelik itibariyle bir işlem vergisidir. Vergilendirme için KDV'nin konusuna giren bir işlemin bulunması gerekir. KDV'nin konusu, Türkiye'de yapılan teslim ve hizmetlerdir. KDV Kanunu'nun birinci maddesinde katma değer vergisi'nin konusuna yer verilmiştir. Söz konusu maddeye göre aşağıdaki işlemler katma değer vergisine tabidir:

1- "Ticari, sınai, zirai faaliyet ve serbest meslek faaliyeti çerçevesinde yapılan teslim ve hizmetler,

2- Her türlü mal ve hizmet ithalatı,

3- Diğer faaliyetlerden doğan teslim ve hizmetler:

a) Posta, telefon, telgraf, teleks ve bunlara benzer hizmetler ile radyo ve televizyon hizmetleri,

b) Her türlü şans ve talih oyunlarının tertiplenmesi ve oynanması,

c) Profesyonel sanatçıların yer aldığı gösteriler ve konserler ile profesyonel sporcuların katıldığı sportif faaliyetler, maçlar, yarışlar ve yarışmalar tertiplenmesi gösterilmesi,

d) Müzayede mahallerinde ve gümrük depolarında yapılan satışlar ile 12.02.2005 tarihli ve 5300 sayılı Tarım Ürünleri Lisanslı Depoculuk Kanunu'na göre düzenlenen ürün senetlerinin, senedin teslim etiği ürünü depodan çekecek olanlara teslimi,

e) Boru hattı ile ham petrol, gaz ve bunların ürünlerinin taşınmaları,

f) Gelir Vergisi Kanununun 70'inci maddesinde belirtilen mal ve hakların kiralanması işlemleri,

g) Genel ve katma bütçeli idarelere, il özel idarelerine, belediyeler ve köyler ile bunların teşkil ettikleri birliklere, üniversitelere, dernek ve vakıflara, her türlü mesleki kuruluşlara ait veya tabi olan veyahut bunlar tarafından kurulan veya işletilen müesseseler ile döner sermayeli kuruluşların veya bunlara ait veya tabi diğer müesseselerin ticari, zirai ve mesleki nitelikteki teslim ve hizmetleri,

h) Rekabet eşitsizliğini gidermek maksadıyla isteğe bağlı mükellefiyetler suretiyle vergilendirilecek teslim ve hizmetler."

2.4.2. KDV Mükellefi Ve KDV'de Vergiyi Doğuran Olay

Mükellef, vergi kanunlarına göre kendisine vergi borcu düşen gerçek veya tüzel kişidir. Ancak, katma değer vergisinde mükellef kavramı ile diğer vergi kanunlarındaki mükellef kavramı arasında farklılıklar vardır. Katma Değer Vergisi dolaylı ve yansıtılabilen bir vergi olduğu için Katma Değer Vergisinde iki tür mükellefiyet vardır: Kanuni mükellef, iktisadi mükellef (Şakar, 2011, s. 186). Vergi kanunları uyarınca adına vergi tarh edilen kişiye kanuni mükellef denir. Kanunlarımız, bazı durumlarda, kanuni mükelleflerin ödedikleri vergileri bir maliyet unsuru olarak kabul etmiş ve fiyat mekanizması içinde başkalarına yansıtma suretiyle, aktarılmasını öngörmüştür. Kanuni mükellef kanunlara göre vergi idaresine vergiyi ödedikten sonra vergiyi ekonomik anlamda başkasına aktararak vergi yükü üzerinden kalkmış olur. Aktarılmak suretiyle üzerine vergi yükü geçen kişi verginin gerçek taşıyıcısı ve yüklenicisi olmaktadır. Bu ilişkiler sonucunda, vergiyi vergi dairesine ödeyen kanuni mükellef dışında vergilerin aktarıldığı kişi ortaya çıkar. Bu kişiye iktisadi (yüklenici, gerçek) mükellef denir (Şenyüz; Yüce; Gerçek, 2010, s. 64).

3065 sayılı KDV Kanunu'nun 8'inci maddesinde KDV mükellefi şu şekilde açıklanmıştır:

a) *"Mal teslimi ve hizmet ifası hallerinde bu işleri yapanlar,*

b) *İthalatta mal ve hizmet ithal edenler,*

c) *Transit taşımalarda gümrük ve geçiş işlemine muhatap olanlar,*

d) *PTT İşletme Genel Müdürlüğü ve radyo ve televizyon kurumları,*

e) *Her türlü şans ve talih oyunlarını tertip edenler,*

f) 1'inci maddenin 3'üncü fıkrasının (c) bendine giren hallerde bunları tertipleyenler veya gösterenler,

g) Gelir Vergisi Kanununun 70'inci maddesinde belirtilen mal ve hakları kiraya verenler,

h) İsteğe bağlı mükellefiyette talepte bulunanlardır."

KDV harcamalar üzerinden alınan vergiler arasında en geniş kitleye hitap eden ve geliri en yüksek olan vergi türüdür. KDV'de vergilendirme dönemi, takvim yılının birer aylık dönemleridir. Bu nedenle vergiyi doğuran olayın hangi tarihte meydana geldiğinin belirlenmesi, elde edilen katma değer vergisinin ait olduğu dönemin belirlenmesi açısından önem taşımaktadır. Aksi takdirde, KDV'nin vergiyi doğuran olaydan bir önceki ay ya da bir sonraki ay beyan edilmesiyle KDV'de dönem kayması olarak adlandırılan hata oluşacaktır. Ayrıca, vergilendirme dönemi birer aylık süreleri içerdiği için, vergiyi doğuran olayın ayın hangi gününde vuku bulduğu KDV açısından önem arz etmemektedir.

Vergileme sürecinin ilk adımı olan vergiyi doğuran olay, KDV Kanunu'nun 10'uncu maddesinde düzenlenmiştir. Adı geçen maddeye göre vergiyi doğuran olay;

a) "Mal teslimi ve hizmet ifası hallerinde, malın teslimi veya hizmetin yapılması,

b) Malın teslimi veya hizmetin yapılmasından önce fatura veya benzeri belgeler verilmesi hallerinde, bu belgelerde gösterilen miktarla sınırlı olmak üzere fatura veya benzeri belgelerin düzenlenmesi,

c) Kısım kısım mal teslimi veya hizmet yapılması mutad olan veya bu hususlarda mutabık kalınan hallerde, her bir kısmın teslimi veya bir kısım hizmetin yapılması,

d) Komisyoncular vasıtasıyla veya konsinyasyon suretiyle yapılan satışlarda malların alıcıya teslimi,

e) Malın alıcıya veya onun adına hareket edenlere gönderilmesi halinde, malın nakliyesine başlanması veya nakliyeci veya sürücüye tevdii,

f) Su, elektrik, gaz, ısıtma, soğutma ve benzeri enerji dağıtım veya kullanımlarında bunların bedellerinin tahakkuk ettirilmesi,

g) İthalatta, Gümrük Kanununa göre gümrük vergisi ödeme mükellefiyetinin başlaması, gümrük vergisine tabi olmayan işlemlerde ise gümrük beyannamesinin tescili,

h) İkametgahı, işyeri, kanuni merkezi ve iş merkezi Türkiye'de bulunmayanlar tarafından yabancı ülkeler ile Türkiye arasında yapılan taşımacılık ile transit taşımacılıkta gümrük bölgesine girilmesi veya gümrük bölgesinden çıkılması,

i) 5300 Sayılı Tarım Ürünleri Lisanslı Depoculuk Kanununa göre düzenlenen ürün senetlerinin temsil ettiği ürünlerin depodan çekilmesi anında meydana gelir."

Maddeden de anlaşıldığı üzere KDV'de vergiyi doğuran olay, mal teslimlerinde malın teslimi, hizmet ifasında hizmetin tamamlandığı anda meydana gelmektedir. Vergiyi doğuran olayın meydana gelmesi için, söz konusu mal ya da hizmet bedelinin tahsil edilmiş olup olmamasının veya ödeme şeklinin önemi bulunmamaktadır. Asıl olan malın teslim edilmesi, hizmetin tamamlanmış olmasıdır. Mal teslimi ya da hizmet ifasından önce satıcı veya hizmeti yapan tarafından, fatura ya da benzeri belgelerin düzenlenmesi durumunda KDV, belgenin düzenlendiği tarihte doğmuş sayılacaktır. Ancak, mal veya hizmet bedeline ilişkin avans alınması ve karşılığında avans makbuzu düzenlenmesi halinde KDV doğmayacaktır.

Avans; henüz satılmamış bir mal veya henüz ifa edilmemiş bir taahhüt ya da yapılmamış bir hizmetle ilgili olan, henüz hak edilmiş bir istihkak niteliği kazanmamış bulunan işlerde doğacak alacağa mahsuben malı satın alan veya hizmeti ifa ettiren tarafından yapılan ödemedir. Avans olarak yapılan ödemeler bir teslim veya hizmetin karşılığını oluşturmadığından katma değer vergisine tabi bulunmamaktadır. Ayrıca, KDV belge sistemine sıkı sıkıya bağlı bir vergi türüdür. KDV'nin doğuşu fatura veya fatura benzeri belgelerin düzenlenmesine bağlanmıştır ve avans makbuzu VUK'da sayılan, fatura yerine geçen belgelerden biri değildir. Bu nedenle fatura düzenlenmemesi kaydıyla, sadece avans alınması ve müşteriye avans makbuzu verilmesi ile herhangi bir KDV tahakkuku gerçekleştirilmeyecektir.

Türkiye'de KDV'ye geçiş amaçlarından biri de belge düzeninin sağlanmasıdır. Mal teslim edilemeden ya da hizmet tamamlanmadan önce fatura veya benzeri belgeler düzenlenmesi suretiyle katma değer vergisinin doğmuş sayılması, bu amacın gerçekleştirildiğinin önemli bir göstergesidir.

2.4.3. Eğitim-Öğretim Hizmetlerinde KDV'yi Doğuran Olay

3065 Sayılı Katma Değer Vergisi Kanunu, verginin konusuna giren hususları mal teslimi ve hizmet ifası olmak üzere iki grupta değerlendirmektedir. Adı geçen kanunun 2'nci ve 3'üncü maddelerinde teslim, teslim sayılan haller; 4'üncü ve 5'inci maddelerinde hizmet, hizmet sayılan haller düzenlenmektedir. 4'üncü maddeye göre; "*Hizmet, teslim ve teslim sayılan haller ile mal ithalatı dışında kalan işlemlerdir. Bu işlemler; bir şeyi yapmak veya işlemek, meydana getirmek, imal etmek, onarmak, temizlemek, muhafaza etmek, hazırlamak, değerlendirmek, kiralamak, bir şeyi yapmamayı taahhüt etmek gibi şekillerde gerçekleşebilir."* Buradan hareketle eğitim-öğretim faaliyeti hizmet olarak nitelendirilmektedir.

Katma Değer Vergisi Kanunu'nun 1'inci maddesinin 1'inci bendine göre "ticari, sınai, zirai faaliyet ve serbest meslek faaliyeti çerçevesinde yapılan teslim ve hizmetler katma değer vergisine tabidir". Aynı Kanunun 2'nci fıkrasına göre "*Ticari, sınai, zirai faaliyet ile serbest meslek faaliyetinin devamlılığı, kapsamı ve niteliği Gelir Vergisi Kanunu Hükümlerine göre, Gelir Vergisi Kanunu'nda açıklık bulunmadığı hallerde, Türk Ticaret Kanunu ve diğer ilgili mevzuat hükümlerine göre tayin ve tespit edilir."* İlgili maddelerden hareketle, eğitim-öğretim hizmetinin katma değer vergisinin konusuna girip girmediğinin analizi için KDV Kanunu ve Gelir Vergisi Kanunu ya da Ticaret Kanunu hükümlerinin birlikte değerlendirilmesi gerekmektedir.

GVK'ya göre, her türlü ticari ve sınai faaliyetlerden doğan kazançlar ticari kazançtır. Ancak Gelir Vergisi Kanunu'nda ticari faaliyetin tanımı yapılmamıştır. Buna karşın, Kanunun "Ticari Kazancın Tarifi" başlıklı 37'nci maddesinde mutlak olarak ticari kazanç kabul edilen faaliyetler sayılmıştır. Anılan maddenin 3'üncü bendinde, *"Özel okul ve hastanelerle benzeri yerlerin işletilmesinden doğan kazançlar ticari kazançtır"* hükmü yer almaktadır.

6762 sayılı (eski) Türk Ticaret Kanunu'nun 3'üncü maddesine göre, "*Bu Kanun'da tanzim olunan hususlarla bir ticarethane veya fabrika yahut ticari şekilde işletilen diğer bir müesseseyi ilgilendiren bütün muamele, fiil ve işler ticari işlerdendir"*. Kanunun 11'inci maddesinde "Ticarethane veya fabrika yahut ticari şekilde işletilen diğer müesseseler, ticari işletme sayılır" hükmü yer almaktadır. Anılan Kanunun 12'nci maddesinde; "*Aşağıda yazılı veya mahiyetçe bunlara benzeyen işlerle uğraşmak üzere kurulan müesseseler ticarethane sayılır*" denilmiştir. 12'nci maddenin 6'ncı bendinde yer alan; "*6- Tiyatro, sinema, otel, han, lokanta gibi umumi mahaller, hususi mektep ve hastane ve açık satış yerlerinin işletilmesi*" hükmü ile özel okul işletmeciliği ticarethane kapsamında değerlendirilmiştir. Her iki kanunda da ticari faaliyet olarak kabul edilen özel okul işletmeciliği Katma Değer Vergisi Kanunu'nun 1/1 maddesi gereği katma değer vergisinin konusuna girmektedir.

Günümüzde eğitim-öğretim hizmeti hem devlet okulları hem de özel okullar tarafından ifa edilmektedir. Özel okullar tarafından verilen hizmetler gelir vergisi ve katma değer vergisi kanunu hükümleri uyarınca KDV'ye tabi iken, devlet okulları tarafından verilen eğitim-öğretim hizmetleri ticari mahiyette olmadığından 3065 Sayılı Kanunu'nun 1/3-g maddesi gereği katma değer vergisine tabi değildir.

Eğitim-öğretim hizmetleri açısından vergiyi doğuran olayın belirlenmesinde kanunda yer alan aşağıdaki hususlar belirleyici olmaktadır:

a) Hizmetin yapılması (eğitim-öğretim döneminin tamamlanması),

b) Hizmetin yapılmasından önce fatura veya benzeri belgeler verilmesi halinde, bu belgelerde gösterilen miktarla sınırlı olmak üzere fatura veya benzeri belgelerin düzenlenmesi,

c) Kısım kısım hizmet yapılması mutad olan veya bu hususlarda mutabık kalınan hallerde, her bir kısım hizmetin yapılması.

Özel okullarda hizmet süresi, ilköğretimde 8 yıl, orta öğretimde 4 yıl olarak belirlenmiştir[16]. Yüksek öğretimde ise 2 yıllık, dört yıllık ya da daha fazla hizmet süreleri uygulanmaktadır. Ancak bu uzun süreler "eğitim yılı" adı verilen bölümlere ayrılmıştır. Uygulamada bütün işlemler eğitim yılı

[16] 6287 sayılı Kanun ile bu süreler değiştirilmiştir.

üzerinden yapılmaktadır. Özel okul ücretleri eğitim yılı temel alınmak suretiyle belirlenmekte, eğitim-öğretim hizmeti bu süreler itibariyle ifa edilmektedir.

Katma değer vergisinde asıl olan malın alıcıya teslimi ya da hizmetin tamamlanmasıyla vergi borcunun doğmasıdır. Buna bağlı olarak eğitim faaliyetlerinde eğitim yılının sona ermesi ve hizmetin tamamlanması sonucu katma değer vergisi doğmaktadır. Bazı durumlarda, hizmet ifası hiç başlamadan ya da hizmet ifası başlamış fakat eğitim yılı devam ederken yani hizmet tamamlanmadan fatura düzenlenmesi söz konusu olabilmektedir. Bu gibi hallerde katma değer vergisi faturanın düzenlendiği tarih itibariyle doğmuş sayılacaktır. Vergi Usul Kanunu'nun 229'uncu maddesine göre fatura, satılan emtia veya yapılan iş karşılığında müşterinin borçlandığı meblağı göstermek üzere emtiayı satan veya işi yapan tüccar tarafından müşteriye verilen ticari vesikadır. Bu tarif fatura kesiminin, mal tesliminden veya hizmetin ifasından sonra yapılacak bir işlem olduğunu ortaya koymaktadır (Maç, 2004, http://www.bdo.com.tr/vergi/yazar.php?id=2&y=Mehmet%20MA). Ancak KDV Kanunu'nun 10/b maddesi mal teslimi ya da hizmet ifasından önce fatura kesilebileceğini göstermektedir ve uygulamada hizmet ifası başlamadan önce peşin alınan eğitim-öğretim bedelleri için fatura kesildiği ve katma değer vergisinin doğduğu durumlara rastlanılmaktadır.

Burada dikkat edilmesi gereken bir diğer husus hizmet bedeline ilişkin ücretin eğitim yılı sona ermeden tahsil edilmesi ve fatura düzenlenmemesidir. Vergiyi doğuran olay hizmetin ifa edilmesi ya da hizmet tamamlanmadan fatura düzenlenmesiyle meydana gelir. Eğitim hizmeti tamamlanmadan, hizmetin karşılığı olarak para tahsil edilmesi tek başına vergiyi doğuran olay değildir.

Eğitim-öğretim hizmetinden yararlanan taraf, hizmet bedeline mahsuben gerekli olan parayı, ya hizmet ifasına hiç başlamadan peşin olarak ya da eğitim hizmeti devam ederken taksitler halinde ödeyebilir. Böyle bir durumda eğer fatura kesilirse, fatura kesildiği anda katma değer vergisi doğmuş olacaktır. Ancak öğretim kurumu, tahsil ettiği bu bedellere ilişkin olarak işlem faturasını tahsil anında değil de, hizmet tamamen ifa edildikten sonra düzenleyebilir. Eğitim hizmetinin süresi ve niteliği ne olursa olsun, tahsil edilen bu bedeller KDV'yi doğuran olay değildir. Özel okullar, peşin tahsil ettikleri eğitim bedellerini "Alınan Avanslar" hesabında muhasebeleştireceklerdir (Maç, 2012, http://www.bdo.com.tr/vergi/kdv.php). Alınan avanslar hesabına kayıt yapılması, tahsil edilen bedele ilişkin olarak fatura kesilmesini gerektirmez. Hizmet ifasını gerçekleştiren eğitim kurumu, tahsilat anında "tahsilat makbuzu" kullanabilmekte ve faturayı eğitim yılı sonunda düzenleyebilmektedir.

Eğitim- öğretim ücretinin öğretim yılı başlamadan tahsil edilmesi ve ödemenin faturaya bağlanması halinde, vergiyi doğuran olayın hizmet tamamlanmadan vuku bulduğu belirtilmiştir. Ancak, hizmet ifasında bulunan öğretim kurumu ile hizmetten yararlanan taraf, hizmetin kısım kısım ifa edilmesi, her bir kısma ait bedelin taksitler halinde ödenmesi ve bu taksitlere ilişkin faturanın tahsilatın yapıldığı ayda düzenlenmesi üzerinde anlaşmaya varabilirler. Bu durumda vergiyi doğuran olay, ilgili aylar itibariyle gerçekleşmiş sayılacaktır. Özetle, eğitim-öğretim bedelinin Milli Eğitim Bakanlığı'nın talimatı ile taksitlere bağlanması ve belgelerin taksit zamanlarında düzenlenmesi halinde, KDV'nin belgelerde gösterilen taksit miktarları üzerinden hesaplanması ve belgenin düzenlendiği tarihin ait olduğu ay beyannamesi ile beyan edilmesi gerekir (Yılmazcan, 1997, s. 62).

Bu konuda Maliye Bakanlığı tarafından 1991 tarihinde verilen bir özelgede[17] "*.....eğitim hizmetinin peşin tahsil edilerek faturaya bağlanması halinde, fatura bedeli üzerinden KDV hesaplanacağı, bedelin Milli Eğitim Bakanlığı'nca taksite bağlanması halinde ise her taksit bedeli üzerinden KDV hesaplanarak beyan edilmesi gerektiği" yolunda idari görüş bildirmiştir*" (Kızılot, 2010, s. 603).

Konuya ilişkin bir diğer özelgede[18] ise şu ifadeler yer almaktadır: "*......bir vergilendirme döneminden fazla devam eden eğitim hizmetlerinin taksitlere bağlanması halinde, takvim yılının bir ayından oluşan her bir vergilendirme dönemi itibariyle katma değer vergisinin hesaplanması ve bu hizmetlere ilişkin faturanın aylık ödeme tutarı belirtilerek hizmetin tamamlandığı tarihi takip eden yedi gün içinde tanzim edilmesi gerekmektedir.*"

Buraya kadar anlatılanları KDV Kanunu hükümleri ve idare tarafından verilen özelgeler ışığında şu şekilde özetlemek mümkündür:

- Eğitim-öğretim hizmeti bir eğitim yılını kapsayan zaman diliminde ifa edilmektedir ve KDV eğitim yıllının tamamlanmasıyla doğmaktadır,

- Eğitim bedeline ilişkin olarak avans alınması KDV açısından vergiyi doğuran olay olarak değerlendirilmemektedir. Ancak, eğitim yılının başında eğitim-öğretim bedelinin tahsil edilmesi ve karşılığında fatura düzenlenmesi halinde, hizmet ifasının sonuçlanması yani dönemin sonu beklenilmeksizin bu bedel üzerinden KDV hesaplanması gerekir.

---

[17] Maliye Bakanlığı'nın 14.10.1991 tarih ve 73836 sayılı Özelgesi.
[18] Maliye Bakanlığı'nın 23.01.2005 tarih ve B.07.0.GEL.0.29/2921-229-433-26114 sayılı Özelgesi.

- Eğitim-öğretim bedelinin taksitler halinde ödenmesi ve her bir taksite ilişkin faturanın tahsilat zamanlarında düzenlenmesi halinde KDV, belgelerde gösterilen taksit miktarları üzerinden hesaplanmalı ve ilgili ay beyannamesine dahil edilmelidir.

Eğitim hizmetleri açısından KDV doğuşuna ilişkin hususlar bu şekilde olmakla birlikte, Maliye Bakanlığı yeni bir görüş ileri sürmüştür (Maç, 2012, http://www.bdo.com.tr/vergi/kdv.php).

Bakanlığın yeni görüşüne göre; eğitim hizmetlerine ilişkin bedel, hizmetin devam ettiği aylara orantı yoluyla bölünecek ve bedelin her bir aya isabet eden kısmına ait KDV o ay itibariyle doğacaktır. Hizmet bedelinin erken veya geç tahsil edilmesinin ya da hiç tahsil edilmemesinin KDV doğuran olay üzerinde etkisi bulunmamaktadır. Faturanın erken kesilmesi halinde KDV fatura kesimine bağlı olarak doğacaktır. (Maç, 2012, http://www.bdo.com.tr/vergi/kdv.php).

Maliye Bakanlığı'nın bu görüşü kanuna aykırı bir durum arz etmektedir (Maç, 2012, http://www.bdo.com.tr/vergi/kdv.php). Çünkü ilköğretim, lise ve üniversitelerde eğitim hizmetleri bir yıldan daha uzun süreleri kapsamaktadır. Bu nedenle bu süreler "eğitim yılı" adı verilen bölümlere ayrılmıştır. KDV'de vergiyi doğuran olay, hizmetin ifasıdır ve hizmet ifası eğitim yılının tamamlanmasıyla gerçekleşmiş sayılmaktadır. Ayrıca özel okullarla, öğrenci velileri arasındaki sözleşmeler eğitim yılı esas alınarak yapılmaktadır. Özel okul ücretleri eğitim yılı itibariyle belirlenmektedir.

Eğitim-öğretim hizmetlerinde katma değer vergisi uygulanması bakımından vergiyi doğuran olayın hangi zaman dilimi itibariyle doğacağının tespiti önem taşımaktadır. Bedeli tahsil edilmiş olsun ya da olmasın vergiyi doğuran olay hizmetin ifa edildiği birer aylık vergilendirme dönemlerinde gerçekleşmiş bulunmaktadır (Bayrakdar, 2005,s. 48–53)

Eğitim öğretimde KDV'nin doğması açısından eğitim yılının tamamlanmasına gerek olmadığı görüşü ilk olarak İstanbul Defterdarlığı'nın 1998 tarihli bir muktezasında yer almaktadır. (Maç, 2004, http://www.bdo.com.tr/vergi/yazar.php?id=2&y=Mehmet%20MA). O tarihten itibaren Maliye Bakanlığı aynı görüşü destekleyen çok sayıda özelge yayımlamıştır. Ayrıca konu ile ilgili Danıştay kararları da mevcuttur. Bu özelgelerden bazılarına aşağıda yer verilmiştir:

Maliye Bakanlığı'na ait 2000 tarihli özelgede;[19] "*.........eğitim-öğretim hizmetinden yararlananlar hizmetin bedelini peşin veya eğitim dönemi başlamadan evvel ödemeleri durumunda, yapılan tahsilat için fatura kesilmişse kesildiği dönemde, fatura kesilmemiş ise verilen bedelin hizmet süresine bölünmesi suretiyle bulunacak miktar için aylar itibariyle fatura kesilmesi gerekmektedir.*

Öte yandan, 3065 Sayılı Katma Değer Vergisi Kanunu'nun 10uncu maddesinin (a) bendi hükmüne göre vergiyi doğuran olay, malın teslimi veya hizmetin yapılmasıyla meydana gelmektedir. Aynı maddenin (b) bendinde, malın tesliminden veya hizmetin yapılmasından önce fatura veya benzeri belgeler verilmesi halinde, bu belgelerde gösterilen miktarla sınırlı olmak üzere fatura veya benzeri belgenin düzenlenmesiyle, (c) bendinde ise, kısım kısım mal teslimi veya hizmet yapılması mutat olan veya bu hususlarda mutabık kalınan hallerde her bir kısmın teslimi veya bir kısım hizmetin yapılmasıyla vergiyi doğuran olayın meydana geleceği hüküm altına alınmıştır.

Bu hükümler karşısında eğitim öğretim hizmetlerinde bedelin tamamının veya bir kısmının öğrenimin başlamasından önce tahsil edilmesi halinde,

---

[19] Maliye Bakanlığı'nın 02.11.2000 tarih ve B.07.0.GEL.0.54/5410-243 sayılı yazısı

fatura veya benzeri belge düzenlenmemiş olması koşuluyla katma değer vergisi doğmamaktadır.

Öğrenim hizmetinin başlaması ile hizmet verilmeye başlanacağından, bir vergilendirme döneminden fazla devam eden bu hizmetler için, takvim yılının her bir ayı itibariyle katma değer vergisi hesaplanması gerekecektir. Dönemler itibariyle hesaplanacak katma değer vergisi matrahının, bir öğretim yılı için belirlenen toplam bedelin, öğretimin kapsadığı ay sayısına bölünmek suretiyle hesaplanması mümkün bulunmaktadır." (Ozansoy, 2009, s. 270)

2005 tarihli bir başka özelgeye[20] göre; "........*öğretim döneminin başlaması, hizmet ifasının da aynı zamanda başladığını gösterdiğinden, bir vergilendirme döneminden fazla devam eden bu hizmetler için takvim yılının her bir ayından ibaret vergilendirme dönemleri itibariyle katma değer vergisinin hesaplanması ve beyanı gerekmektedir. Dönemler itibariyle hesaplanacak katma değer vergisinin matrahı, bir öğretim yılı için belirlenen hizmet bedelinin, hizmetin ifa edileceği aylık sürelere bölünmesi suretiyle tespit edilecek matrahtan az olamayacaktır."*

İstanbul Vergi Dairesi Başkanlığı tarafından 15.12.2006 verilen özelgede[21] de aynı konu hakkında şu açıklama yapılmıştır: "*.......belli bir süreci kapsayan eğitim hizmetlerinde KDV açısından vergiyi doğuran olayın meydana gelmesi için bu sürecin sonuçlanması gerekmemekte olup her bir vergilendirme döneminin tamamlanmasıyla bu dönem işleriyle sınırlı olmak üzere vergiyi doğuran olay meydana gelmektedir. Bir başka ifade ile eğitim hizmetlerinde vergiyi doğuran olay prensip itibariyle eğitim*

[20] Maliye Bakanlığı'nın 23.01.2005 tarih ve B.07.0.GEL.0.29/2921-229-433-26114 sayılı Özelgesi.
[21] İstanbul Vergi Dairesi Başkanlığı'nın 15.12.2006 tarih ve GİB.4.34.17.01.9631 sayılı Özelgesi

hizmetinin fiilen verildiği vergilendirme dönemlerinde ortaya çıkmaktadır" (Değer, 2011, s. 422).

Maliye Bakanlığı tarafından 12.05.2010 tarihinde verilen bir özelge konunu özeti niteliğindedir. Özelgede avans alınması, peşin ödemelerde fatura kesilmesi konularının yanı sıra aylık vergilendirme dönemleriyle ilgili açıklamalar yer almaktadır. Söz konusu özelgeye[22] göre "*.........özel okullarda ve özel dershanelerde verilecek hizmetlerde hizmet bedelinin tamamının veya bir kısmının hizmet ifa edilmeden önce tahsil edilmesi halinde, fatura ve benzeri belge düzenlenmemiş olması koşuluyla katma değer vergisi doğmamaktadır.*

Öte yandan, bir vergilendirme döneminden fazla devam eden hizmetlerin taksitlere bağlanması halinde, takvim yılının birer ayından oluşan her bir vergilendirme dönemi itibariyle katma değer vergisinin hesaplanması ve verilecek hizmetlere ilişkin faturanın aylık ödeme tutarı belirtilerek tanzim edilmesi gerekmektedir. Belli bir vergilendirme döneminde beyan edilecek katma değer vergisinin matrahının ise öğretim yılı için belirlenen hizmet bedelinin hizmetin ifa edileceği aylık sürelere bölünmesi suretiyle tespiti mümkün bulunmaktadır.

Ayrıca, peşin olarak yapılacak ödemeler için fatura düzenlenmesi halinde Katma Değer Vergisi Kanunu'nun 10/b maddesi gereğince toplam bedel üzerinden katma değer vergisi hesaplanıp beyan edilecektir.

Öte yandan, toplam hizmet bedeli eğitim döneminin bitişinde alınsa dahi, hizmet ifasının gerçekleştiği vergilendirme dönemlerine isabet eden tutarın ilgili olduğu dönemde beyan edilmesi gerekmekte olup, hizmet bedelinin

[22] Maliye Bakanlığı'nın 12.05.2010 tarih ve B.07.1.GİB.4.46.15.01-B.07.1.GİB.4.46.15.0-2 sayılı Özelgesi.

tamamının eğitim dönemi sonunda beyan edilmesi mümkün bulunmamaktadır."

1995 yılında verilen bir Danıştay kararı[23] "Ücret tahsil edilse de edilmese de aylık KDV beyan edilmesi gerekir" uygulamasının o yıllarda uygulanmadığının önemli bir göstergesidir. 06.06.1995 tarihli karara göre, özel okul işleten bir şirket 1990-1991 öğretim yılında verdiği hizmetin bir kısmına ait faturaları öğretim yılı sonunda düzenlemiştir. Söz konusu şirket adına, 1990-1991 eğitim-öğretim yılında bir kısım hasılatına ilişkin faturayı öğretim yılı sonu itibariyle düzenlediği, oysa katma değer vergisinde vergilendirme döneminin bir aylık dönem olduğu, geç düzenlenen bu faturalar hiç düzenlenmemiş kabul edilerek 1990 Eylül dönemi için kaçakçılık cezalı katma değer vergisi salınmıştır. Ankara 5. Vergi Mahkemesi 06.10.1993 gün ve 1993/1325 sayılı kararıyla, 3065 Sayılı Katma Değer Vergisi Kanunu'nun, vergiyi doğuran olay başlıklı 10/a maddesinde, katma değer vergisinin hizmetin yapıldığı anda doğacağının hükme bağlandığı, olayda özel okul işleten yükümlü şirketin yaptığı hizmet bir eğitim-öğretim dönemini kapsamakta olup, hizmetin eğitim öğretim dönemi sonunda tamamlandığı, ücret ödemelerinin ise bir ödeme planı dahilinde yapıldığı, bu durumda, yükümlü şirketin okul ücretlerini tahsil ettiği ayda fatura düzenleyerek katma değer vergisini beyan etmesinde yasal isabetsizlik bulunmadığı gerekçesiyle cezalı tarhiyatı terkin etmiştir. Davalı idare, inceleme raporuna dayalı olarak yapılan cezalı tarhiyatın yerinde olduğunu ileri sürerek, kararın bozulmasını istemiştir.

Ancak, temyiz dilekçesinde ileri sürülen iddialar, bozulması istenilen kararın dayandığı gerekçeler karşısında, yerinde ve kararın bozulmasını

[23] Danıştay Onbirinci Dairenin 06.06.1995 tarih ve E:1995/1799, K:1995/1781 sayılı kararı

sağlayacak durumda görülmemiştir. Danıştay, temyiz isteminin reddine ve 5'inci Vergi Mahkemesi'nin kararının onanmasına karar vermiştir.

Ankara 5'inci Vergi Mahkemesi'nin görüşü bugünkü uygulamanın aksi yöndedir ve Danıştay da bu görüşü kabul etmiştir. Danıştay kararı 1995 yılına aittir ve o dönemde geçerli olan uygulama, KDV'nin hizmetin ifa edildiği dönem sonu itibariyle doğmuş sayılmasıdır. Özel öğretim kurumları açısından hizmet ifasının sonu, eğitim öğretim yılının sonudur.

Günümüzde hala geçerli olan uygulama ise, KDV'nin vergilendirme dönemleri başka bir ifadeyle bir aylık dönemler itibariyle doğmuş sayılacağı yönündedir. Bu dönemlerde özel okullar ücret tahsil etse de etmese de KDV beyan edecek ve ödeyeceklerdir. Ancak eğitim yılı başında veya yıl devam ederken eğitim öğretim ücretinin peşin tahsil edilmesi ve fatura düzenlenmesi halinde, faturada gösterilen meblağa bağlı olarak KDV doğmuş sayılacaktır.

2.4.4. Özel Okullar Tarafından Verilen Yemek, Yurt Ve Servis Hizmetleri Açısından KDV Uygulaması

Günümüzde eğitim hizmetleri hem devlet okulları hem de 5580 Sayılı Özel Öğretim Kurumları Kanunu çerçevesinde kurulan ve yönetilen özel okullar tarafından verilmektedir. Çalışmanın daha önceki bölümlerinde de belirtildiği üzere devlet okullarının faaliyetleri KDV kapsamı dışında iken, özel öğretim kurumları tarafından ifa edilen eğitim öğretim hizmetleri katma değer vergisine tabidir.

"Eğitim-öğretim hizmeti" kavramı ile anlatılmak istenen hususun ne olduğunun, kavram kapsamına giren hizmetlerin ve hizmetin içeriğinin belirlenmesi gerekmektedir. Eğitim hizmeti, sadece ders anlatmak, sınav yapmak, ödev vermek ve onları kontrol etmekten mi ibarettir? Özel okullar tarafından verilen hangi hizmetler eğitim hizmeti olarak değerlendirilmeli, hangileri bu kapsamın dışında bırakılmalıdır? Bu sorulara verilecek cevaplar KDV açısından son derece önemlidir. Çünkü bazı hizmetlerin eğitim hizmeti olarak kabul edilmesi ya da kabul edilmemesi uygulanacak KDV oranlarının değişmesine neden olacaktır.

Eğitim-öğretim hizmeti, hizmetten yararlananların beden, zihin ve duygusal açıdan gelişmelerini sağlayan, öğrencilerin istidat ve kabiliyetleri yönünden yetiştirerek hayata ve bir üst öğrenime ya da iş alanlarına hazırlayan, onlara vatandaşlığa ilişkin temel bilgi, beceri, davranış ve alışkanlıklarla asgari ortak bir genel kültür kazandıran, kişi ve toplum sorunlarını tanıma, çözüm yolları arama ve yurdun iktisadi, sosyal ve kültürel kalkınmasına katkıda bulunma bilincini veren ve çeşitli kademelerde bilimsel öğretim yapılan faaliyetler bütünüdür (Ozansoy, 2009, s. 92). Bu tanımın içine doğrudan girmese de, söz konusu faaliyetlerin gerçekleştirilebilmesi için öğrencilere bir takım ek hizmetlerin de verilmesi gerekmektedir. Bu hizmetler genel olarak yemek hizmetleri, öğrencilerin ulaşım sorununu çözmek amacıyla verilen servis hizmetleri ve barınma ihtiyacına yönelik olarak verilen yurt hizmetleridir. Bütün bu hizmetlerin eğitim öğretim faaliyeti içerisinde yer alıp almayacağı konusunda tereddütler yaşanmıştır. Maliye Bakanlığı verdiği özelgelerle ve yaptığı açıklamalarla konuyu aydınlatmaya çalışmıştır.

Yemek, servis ve yurt hizmetleri bizzat okulun kendisi tarafından verileceği gibi, üçüncü kişiler tarafından da verilebilir. Yani özel okullar kendilerine ait yemekhanelerde yemek pişirme ve dağıtımı işlerini yürütebilirler ya da işletmenin aktifine kayıtlı, kendilerine ait araçlarla servis hizmeti sunabilirler. Ayrıca bütün bu hizmetleri dışardan satın alma (outsourcing) yoluyla üçüncü kişilere yaptırabilirler (Taytak, 2007, s. 95). Ancak, her iki durumda uygulanacak KDV oranları farklılık arz etmektedir. 30 Aralık 2007 tarihli Resmi Gazete'de yayımlanan 2007/13033 Sayılı Kararname ile eğitim hizmetlerinde uygulanacak KDV oranları belirlenmiştir. 2007/13033 Sayılı Kararname'ye ekli II Sayılı Listenin 15. satırında yer alan hükme göre, "*Üniversite ve yüksek okullar ile 5580 sayılı Özel Öğretim Kurumları Kanunu, 2828 sayılı Sosyal Hizmetler ve Çocuk Esirgeme Kurumu Kanunu ve 573 sayılı Özel Eğitim Hakkında Kanun Hükmünde Kararname kapsamında verilen eğitim ve öğretim hizmetleri, "Okul Servis Araçları Hizmet Yönetmeliği" kapsamında verilen öğrenci taşıma ve servis hizmetleri ile "Özel Öğrenci Yurtları Yönetmeliği" hükmüne tabi yurtlarda verilen hizmetler % 8 oranında KDV'ye tabidir.*" Bunların dışında kalan vergiye tabi işlemler için geçerli KDV oranı % 18'dir. Söz konusu hizmetlerin eğitim öğretim faaliyeti kapsamında değerlendirilmesi halinde KDV oranı %8, değerlendirilmemesi halinde %18 olarak uygulanacaktır. İndirimli KDV oranından faydalanabilmek için hizmet veren tarafın 5580 sayılı Kanunun 2/b maddesinde sayılan kurumlardan ya da 2828 sayılı Kanunun 3/f maddesinde sayılan kuruluşlardan veya 573 sayılı Kanun Hükmünde Kararnamenin ikinci bölümünde tanımlanan kurum ya da okullardan biri olması gerekmektedir. 5580 sayılı Kanunun 2/b maddesinde adı geçen kurumlar; okul öncesi eğitim, ilköğretim, ortaöğretim, özel eğitim okulları ile çeşitli kursları, uzaktan öğretim yapan kuruluşları, dershaneleri, motorlu taşıt sürücü kursları, hizmet içi eğitim merkezleri, öğrenci etüt merkezleri, özel eğitim ve rehabilitasyon merkezleri ile benzeri özel öğretim kurumlarını kapsamaktadır.

Adı geçen okul ya da kuruluşların indirimli KDV oranından yararlanabilmeleri için iki şart söz konusudur. Bunlar:

- Belirtilen hizmetlerin bizzat özel okular tarafından verilmesi,
- Hizmetten yararlananların sadece özel okula kayıtlı öğrenciler olması.

Ayrıca, eğitim ve öğretim hizmet bedelinin, duruma göre pansiyon, yemek ve servis hizmetlerini de içerecek şekilde tek bir ücret olarak belirlenmesi gerekmektedir (Tolu, 2001, s. 263). Aksi takdirde verilen bu hizmetler eğitim öğretimin bir parçası değil de ilave hizmet görünümünde olacaktır ve böyle bir durumda %18 oranında KDV'ye tabi tutulması gerekecektir.

Maliye Bakanlığı tarafından konuya dair verilen 17.09.2002 tarihli özelgeye[24] göre: "*.........Milli Eğitim Bakanlığı'ndan faaliyette bulunma izini alan özel okullar tarafından eğitim ve öğretim hizmetine ilişkin bedelden ayrı bir bedel alınmaksızın verilen yemek hizmeti, eğitim ve öğretim hizmetinin bir parçası sayılarak %8 oranında katma değer vergisine tabi tutulacaktır. Ancak yemek hizmetinin okulun denetim ve gözetiminde olsa bile doğrudan okul tarafından verilmeyip, dışarıdaki kişiler tarafından verilmesi durumunda, eğitim ve öğretim hizmeti kapsamı dışında ayrı bir hizmet söz konusu olacağından bu hizmete %18 oranında katma değer vergisi uygulanması gerekmektedir. Ayrıca, okul tarafından verilen yemek hizmetinin dışarıdan temin edilmesi halinde, söz konusu hizmeti okula karşı ifa eden yükümlülerin işlemlerine de %18 oranında katma değer vergisi uygulanacaktır.*"

Buna göre, özel okullar tarafından münhasıran kendi öğrencilerine, bizzat okul tarafından verilen yemek, servis, yurt hizmetleri eğitim öğretim hizmeti kapsamında değerlendirilecek ve %8 oranında KDV'ye tabi

---

[24] Maliye Bakanlığı'nın 17.09.2002 tarih ve B.07.0.GEL.0.55/5528-1924/38210 sayılı Özelgesi (**Yaklaşım**, Yıl:10, Sayı:118, Ekim 2002, s. 327).

olacaktır. Ancak okulun kontrolünde olsa dahi üçüncü kişiler tarafından verilen söz konusu hizmetler eğitim hizmeti dışında bırakılacak ve bunlar için %18 oranında genel KDV oranı uygulanacaktır.

Söz konusu faaliyetlerin eğitim öğretim hizmeti sayılması ya da sayılmaması halinde KDV açısından %10 oranında bir fark ortaya çıkmaktadır. Bu fark özel okulların yemek, servis hizmetleri konusunda vereceği kararlarda da belirleyici olmaktadır. Birçok özel okul bu avantajdan yaralanabilmek için kendi yemekhanesinde ve kendi personeliyle öğrencilerine hizmet vermektedir.

Eğitim öğretim hizmetlerinin düşük oranda katma değer vergisine tabi olması bu hizmeti verecek özel okullara tanınmış teşvik niteliğinde bir avantajdır. Bu hizmetlerin bizzat özel okullar tarafından değil de üçüncü kişiler tarafından verilmesi halinde, özel okulun eğitim hizmetinden ziyade aracılık hizmeti yaptığından bahsedilebilir. Ancak, bu hizmetleri veren eğitim kurumunun genel KDV oranıyla vergilendirilmesi halinde özel okulun, bir nakliyat şirketi, otel veya lokanta ayarında görülmesi söz konusu olacaktır. Bu durum özel okullara tanınmış olan vergisel avantajı kısıtlama anlamına gelecektir (Kıcalı, 2001, s. 113-114).

Uygulamanın, söz konusu hizmetlerin bizzat okul tarafından verilip verilmemesine göre değiştiğini gösteren ve Maliye Bakanlığı tarafından 01.06.2000 tarihinde verilen özelgede[25] şu açıklamalar yer almaktadır: *"........pansiyon, yemek ve servis hizmetlerinin bizzat Bakanlığınızdan faaliyette bulunma izni alan özel okullar tarafından kendi öğrencilerine verilmesi halinde söz konusu pansiyon, yemek ve servis hizmetlerinin eğitim ve öğretim hizmeti kapsamı içerisinde bir bütün olarak*

[25] Maliye Bakanlığı'nın 06.01.2000 tarih ve B.07.0.GEL.0.55/5528-1641/26299 sayılı Özelgesi, (**Yaklaşım**, Yıl:9, Sayı:100, Nisan 2001, s. 283).

değerlendirilerek %8 oranında katma değer vergisine tabi tutulması, ancak söz konusu hizmetlerin, bu okullar kontrolünde olsa bile dışarıdaki kişiler tarafından verilmesi durumunda eğitim ve öğretim hizmeti kapsamı dışında ayrı bir hizmet söz konusu olacağından bu şekilde verilen pansiyon, yemek ve servis hizmetlerinde %17[26] *nispetinde katma değer vergisi hesaplanması gerekmektedir."*

Maliye Bakanlığı'nın 19.10.2001 tarih ve 56306 sayılı yazısında farklı bir değerlendirme yer almaktadır. Bu özelgede yer alan görüşe göre, söz konusu hizmetler için uygulanacak KDV oranı, öğrenciye verilecek belgenin kim tarafından düzenlendiğine bakılarak belirlenecektir. Buna göre, öğrenciye verilen hizmet faturasını servis yada yemek firması düzenlerse %18, bizzat okul düzenlerse %8 KDV uygulanacaktır. Söz konusu özelgeye göre; *"........bu çerçevede, bizzat okul tarafından verilecek yemek hizmeti eğitim ve öğretim hizmeti kapsamında değerlendirilerek %8 oranında katma değer vergisine tabi olacaktır. Ancak yemek hizmetinin okulun kontrolünde olsa bile dışarıdaki kişiler tarafından verilmesi durumunda, eğitim ve öğretim hizmeti kapsamı dışında ayrı bir hizmet söz konusu olacağından, %18 oranında katma değer vergisi uygulanması gerekmektedir. Buna göre, servis ücreti ve yemek parası dahil eğitim ve öğretim hizmeti için alınan bedele %8 oranında katma değer vergisi uygulanacaktır. Dışarıdan sağlanan yemek hizmetine ait tutarın faturadan ayrılarak %18 oranında katma değer vergisine tabi tutulmasına gerek bulunmamaktadır. Ancak dışarıdan sağlanan yemek hizmeti için ayrıca fatura düzenlenmesi halinde bu tutara %18 oranında katma değer vergisi uygulanması gerekmektedir."*

---

[26] Günümüzde bu oran %18 olarak uygulanmaktadır.

Yukarıda yer alan özelgede uygulanacak KDV oranı faturayı düzenleyecek olan kişi ya da kuruluşla ilişkilendirilmiştir. Özel okul işletmesi yemek hizmeti için ayrı bir fatura düzenlemediği, sadece eğitim öğretim hizmeti adı altında fatura düzenlediği takdirde %8 oranında KDV uygulayacaktır. Ancak, özel okul işletmesi tarafından dışarıdan sağlanan yemek hizmeti için öğrenciye ayrıca fatura düzenlendiği ya da bu hizmetlere ait faturada yemek hizmetinin ayrıca gösterilmesi halinde KDV oranının %18 olması gerekmektedir. Ayrıca, fatura dışarıdan hizmet sağlayan kişi ya da kurum tarafından doğrudan öğrenci adına düzenlenirse yine %18 oranında KDV tatbik edilmelidir. Özel okullar tarafından öğrencilerine eğitim öğretim hizmetine ek olarak hangi hizmetlerin verildiği ve bu hizmetler için uygulanacak KDV oranlarıyla ilgili özellikli durumlar aşağıdaki tablolarda özetlenmiştir.

Tablo 18: Özel Okullar Tarafından Verilen Ek Hizmetlerde KDV Oranları

Verilen Ek Hizmetler[27]	**KDV Oranları**
Yemek	%8 veya %18
Yurt	%8
Servis	%8

KDV oranları sadece yemek hizmetleri açısından farklılık arz etmektedir. Burada faturanın kim tarafından düzenlendiği ya da yemek hizmetinin kim tarafından verildiği belirleyici olmaktadır. Aşağıdaki tabloda bu konuya yönelik açıklamalar yer almaktadır.

[27] Özel okullar tarafından verilen yurt ve servis hizmetleri için 2007/13033 sayılı Bakanlar Kurulu Kararı ile tek oran belirlenmiştir.

Tablo 19: Özel Okullar Tarafından Verilen Yemek Hizmetlerinde Geçerli KDV Oranları

Yemek Hizmetleri İçin Geçerli KDV Oranları	**%8**	**%18**
Hizmet Veren Kurum Açısından	Yemek hizmeti bizzat okul tarafından verilirse	Yemek hizmeti üçüncü kişiler tarafından verilirse
Fatura Düzenleyecek Olan Kurum Açısından	Fatura okul tarafından düzenlenirse	Fatura yemek firması tarafından düzenlenirse

Bu konuda bir diğer önemli nokta, yemek, servis hizmetleri açısından vergiyi doğuran olayın ne zaman meydana geldiğidir. Bilindiği üzere, ücret tahsil edilsin ya da edilmesin eğitim hizmetleri açısından katma değer vergisinin aylık olarak beyan edilmesi gerekmektedir. Bu uygulama diğer hizmetler açısından da geçerlidir. Yani yemek, servis ve pansiyon ihtiyacına yönelik hizmetler için vergiyi doğuran olay birer aylık dönemler itibariyle vuku bulmaktadır.

İstanbul Defterdarlığınca, servis hizmetlerine yönelik olarak 17.8.2001 tarihinde verilen bir özelgede[28] aynı görüş benimsenmiştir. Anılan özelgede; "*.......her bir takvim ayı vergilendirme dönemi olup, bir takvim ayına ilişkin öğrenci taşımacılığı hizmet bedeli için katma değer vergisi hesaplanması ve hesaplanan bu verginin ilgili dönem beyannamesi ile beyan edilmesi gerekmektedir. Bedelin tahsil edilmemesinin bu şekilde beyan edilen vergiye bir tesiri yoktur.*"

Diğer taraftan 2007/13033 sayılı kararname ile "Okul Servis Araçları Hizmet Yönetmeliği" kapsamında verilen öğrenci taşıma hizmetleri ve "Özel Öğrenci Yurtları Yönetmeliği" hükümlerine tabi yurtlarda verilen hizmetlerde uygulanmakta olan KDV oranı %18'den %8'e indirilmiştir.

[28] Maliye Bakanlığı'nın 17.08.2001 tarih ve 3944 sayılı Özelgesi, (Mehmet Maç, KDV e-kitap, http://www.bdo.com.tr/vergi/kdv.php, 10. Madde: Vergiyi Doğuran Olay).

Okul Servis Araçları Hizmet Yönetmeliği kapsamında verilen öğrenci taşıma ve servis hizmetlerinin fiilen alt yükleniciler tarafından gerçekleştirilmesi ve bunların okul idaresi, öğrenci veya organizatör şirkete düzenlediği faturalarda "öğrenci taşıma servis hizmeti" ibaresinin yer alması halinde alt yüklenici tarafından yapılan bu hizmete de %8 oranında KDV uygulanacaktır. Böylece adı geçen kararname ile yurt ve servis hizmetleri açısından sorun giderilmiş, hizmeti yapan tarafın özel okul işletmesi ya da dışarıdan bir başkasına yaptırılması veya faturayı düzenleyen tarafın kim olduğu fark etmeksizin tek oran uygulamasına geçilmiş ve her durumda %8 KDV tatbik edilmek suretiyle daha önce yaşanan karmaşanın önüne geçilmiştir. Benzer bir düzenlemeye yemek hizmetleri açısından da ihtiyaç duyulmaktadır.

Konu ile ilgili olarak 14.12.2004 tarihli muktezada şu açıklamalar yer almaktadır: *"........söz konusu Bakanlar Kurulu Kararının yürürlüğe girdiği 01.01.2005 tarihinden itibaren Okul Servis Araçları Hizmet Yönetmeliği kapsamında verilen öğrenci taşıma servis hizmetleri, dışarıdan veya okul bünyesinde sağlanmasına bakılmaksızın %8 oranında katma değer vergisinde tabidir. Ancak, bu tarihten önceki uygulamada dışarıdan sağlanan taşıma (servis) hizmeti için ayrıca fatura düzenlenmiş olması halinde faturada gösterilen tutar üzerinden %18 oranında katma değer vergisi hesaplanacağı tabiidir."*

Özelgede %8 oranında KDV uygulanması için geçerli tarih 01.01.2005 tarihidir. Çünkü özelge 2004 yılında verilmiştir ve %8 olan indirimli olan uygulamasına ilk olarak 2002/4480[29] sayılı kararnameye ek olarak yayımlanan 2004/8301[30] sayılı Bakanlar Kurulu Kararı ile 2005 yılından geçerli olmak üzere geçilmiştir. O tarihten önce eğitim öğretim hizmetleri

---

[29] 30.07.2002 tarih ve 24831 sayılı Resmi Gazete'de yayımlanmıştır.
[30] 29.12.2004 tarih ve 25685 sayılı Resmi Gazete'de yayımlanmıştır.

için geçerli KDV oranı %18'dir. 2005 yılında indirimli oran uygulaması ile eğitim yılı başında peşin olarak %18 KDV oranı üzerinden peşin olarak tahsil edilen katma değer vergisinin iadesi gündeme gelmiştir. Konu ile ilgili olarak 06.01.2005 tarihinde 23 seri numaralı Katma Değer Vergisi Sirküleri yayımlanmıştır. 23 seri numaralı sirkülere göre; *"........Kararname kapsamına giren eğitim ve öğretim hizmetlerinin bir kısmı 2004 ve 2005 yıllarının belirli aylarını içine alan dönemler itibariyle verilmektedir. Dönemin tamamına ait bedeli peşin ödemek isteyenler adına 2004 yılı içinde düzenlenen belgelerde katma değer vergisi %18 oranına göre hesaplanmıştır. Bu hizmetlerde kısım kısın hizmet ifası söz konusu olduğundan, hizmetin 01.01.2005 tarihinden sonra ifa edilen kısmının %8 oranına tabi olması, bu nedenle eğitim ve öğretim hizmetinin bedelini peşin ödeyenlere, hizmetin 01.01.2005 tarihinden sonra ifa edilen kısmına ait 10 puanlık katma değer vergisi farkının iade edilmesi gerekmektedir."* Dolayısıyla özel okul işlemeleri, eğitim öğretim hizmetlerinin 01.01.2005 tarihinden sonra ifa edilen kısmına ilişkin olarak oran indiriminden doğan farkı, eğitim ücretini peşin ödeyen öğrenci ya da velilere iade etmişlerdir. İade edilecek tutarın hesaplanmasına dair açıklamalar da 23 seri numaralı Katma Değer Vergisi Sirkülerinde yer almaktadır.

2.4.5. İstisnalar

2.4.5.1. KDV Kanunu'nun17/1 Maddesinde Düzenlenen İstisnalar

Bir konunun katma değer vergisi kapsamında değerlendirilebilmesi için, Katma Değer Vergisi Kanunu'nun birinci maddesinde sayılan işlemlerden biri olması ve konu hakkında istisna hükmünün bulunmaması gerekmektedir. 3065 sayılı Katma Değer Vergisi Kanunu'nun 11'inci madde ile başlayan ikinci kısmında kanun kapsamında değerlendirilen istisnalar düzenlenmiştir. Eğitim öğretimle ilgili istisnalar adı geçen kanunun "Sosyal ve Askeri Amaçlı İstisnalarla Diğer İstisnalar" başlığını taşıyan Altıncı Bölümünde yer almaktadır. Söz konusu istisnaların düzenlendiği madde 3065 sayılı kanunun 17'inci maddesidir. 17'inci maddenin birinci bendinde "Kültür ve Eğitim Amacı Taşıyan İstisnalar" hakkında, ikinci bendende ise, özel okullarda ücretsiz okutulacak öğrenciler hakkında geçerli olan hükümler yer almaktadır.

Kanunun 17/1 maddesine göre, "*Genel ve katma bütçeli idareler, il özel idareleri, belediyeler, köyler, bunların teşkil ettikleri birlikler, üniversiteler, döner sermayeli kuruluşlar, kanunla kurulan kamu kurum ve kuruluşları, kamu kurumu niteliğindeki meslek kuruluşları, siyasi partiler ve sendikalar, kanunla kurulan veya tüzel kişiliği haiz emekli ve yardım sandıkları, kamu menfaatine yararlı dernekler, tarımsal amaçlı kooperatifler ve Bakanlar Kurulunca vergi muafiyeti tanınan vakıfların;*

a) İlim, fen ve güzel sanatları, tarımı yaymak, ıslah ve teşvik etmek amacıyla yaptıkları teslim ve hizmetleri,

b) Tiyatro, konser salonu, kütüphane, sergi, okuma ve konferans salonları ile spor tesisleri işletmek veya yönetmek suretiyle ifa ettikleri kültür ve eğitim faaliyetlerine ilişkin teslim ve hizmetleri katma değer vergisinden istisnadır."

İstisna hükmü iki kısımda düzenlenmiştir. Dolayısıyla yapılan işlemin istisna kapsamında değerlendirilmesi için bahsi geçen kuruluşlar tarafından ilim fen ve güzel sanatları, tarımı yaymak, ıslah ve teşvik etmek amacıyla yapılması gerekmektedir. (b) bendinde ise hangi faaliyetlerin istisna kapsamında olduğu tek tek sayılmak suretiyle belirtildiği için uygulamada adı geçen bent hükmü gereği herhangi bir sorun yaşanmamaktadır. Kanun maddesinde sayılan kurum ve kuruluşlar dışında kalanlarca yapılan teslim ve hizmetler, yukarıda belirtilen faaliyetler kapsamına girse dahi istisna dahilinde olmayacaktır. Özel okullar maddede sayılmadığından, bu kuruluşlarca verilen eğitim öğretim hizmetleri vergiden istisna tutulmayacaktır (Ozansoy, 2009, s. 99).

Ancak, eğitim öğretim faaliyetinin Bakanlar Kurulunca vergi muafiyeti tanınan vakıflar tarafından yerine getirilmesi mümkündür. Bu takdirde istisna hükmünün birinci şartı sağlanmış olacaktır fakat bu kez konunun amaç şartı açısından değerlendirilmesi gerekecektir. Çünkü adı geçen kurumlar tarafından ilim, fen ve güzel sanatları, tarımı yaymak, ıslah ve teşvik etmek amacıyla yapılan teslim ve hizmetler katma değer vergisinden istisna tutulmuştur.

1739 sayılı Milli Eğitim Temel Kanunu'nun 23üncü maddesinde ilköğretimin amaçları; *"Her Türk çocuğuna iyi bir vatandaş olmak için gerekli temel bilgi, beceri, davranış ve alışkanlıkları kazandırmak; onu milli ahlak anlayışına uygun olarak yetiştirmek, istidat ve kabiliyetleri yönünden yetiştirerek hayata ve üst öğrenime hazırlamaktır" şeklinde, aynı kanunun 28'inci maddesinde ortaöğretimin amaçları " bütün öğrencilere ortaöğretim seviyesinde asgari ortak bir genel kültür vermek suretiyle onlara kişi ve toplum sorunlarını tanımak, çözüm yolları aramak ve yurdun iktisadi, sosyal ve kültürel kalkınmasına katkıda bulunmak bilincini ve gücünü kazandırmak, öğrencileri, çeşitli program ve okullarla ilgi, istidat ve kabiliyetleri ölçüsünde ve doğrultusunda yüksek öğretime veya hem mesleğe hem de yüksek öğretime veya hayata ve iş alanlarına hazırlamaktır"* şeklinde ifade edilmiştir.

Üniversitelerarası Kurul'un 23.02.1992 tarihli toplantısında ilim, fen ve güzel sanatlar kavramlarına yönelik şu açıklamalar yapılmıştır:

İlim, hayat ve doğanın aynı grup içinde bulunan madde ve olaylarını konu edinerek onları gözlem ve deneyim yollarıyla kanunlara bağlamak suretiyle meydana gelmiş olan ve uzun bir tahsil ile elde edilen bilgi koludur ve daha kısa anlatımla çeşitli olgularla ilgili iyi düzenlenmiş bilgilerin tümüdür.

Fen, maddi sonuçlar elde etmek üzere bilimi uygulama alanına koyan, deneylere ve ispatlara dayanan bilgilerin tamamını ifade eder.

Örneğin, botanik bir ilim ziraat ise fendir. Genel olarak konuları soyut olan bilgiler ilim, somut olanlar ise fendir. Bu nedenler tarih, edebiyat, ilahiyat ilimdir; fizik, kimya, matematik, biyoloji için de fen deyimi kullanılır.

Güzel sanatlar, insan ruhunda estetik heyecan ve hayranlık uyandıran ve doğrudan doğruya pratik bir fayda amacı gütmeyen sanatlar olup, çeşitli şekil ve konuda güzellikler meydana getirmeyi hedef tutar. Edebiyat, resim, müzik, tiyatro, mimarlık, heykeltıraşlık başlıca güzel sanat kollarıdır (Budak, 2010, s.459).

Yapılan açıklamalar birlikte değerlendirildiğinde, özel okullar tarafından ifa edilen eğitim öğretim hizmetlerinin ilim, fen ve güzel sanatları yayma amacında olduğunu söylemek doğru değildir. Nitekim Vergi Dava Daireleri 02.05.1997 tarihinde verdiği kararda ilköğretim ve ortaöğretim düzeyinde yapılan özel okul işletmeciliğinin ilim ve fenni yaymak ve özendirmek kapsamında düşünülemeyeceğine hükmetmiştir.

Danıştay tarafından verilen bir kararda[31] ise, *"Vergi muafiyeti tanınan vakıfların özel okul işletmeciliği faaliyetinin Katma Değer Vergisi Kanunu'nun 1/3-g maddesi kapsamında değerlendirilerek, katma değer vergisine tabi tutulmasında Kanun'a aykırılık bulunmadığı"* belirtilmektedir (Kızılot, 2010, s. 987).

[31] Danıştay Onbirinci Daire'nin 12.06.1995 tarih ve E:1995/1837, K:1995/1860 sayılı kararı

Katma Değer Vergisi Kanunu'nun 17/1 maddesinde sayılan kurum ve kuruluşların, bedel almaksızın yaptıkları eğitim ve öğretim hizmetleri KDV'den istisnadır (Oktar, 2009, s. 546). Ancak, özel okul işletmeciliği Gelir Vergisi Kanunu'nun 37/3 maddesi gereğince ticari faaliyettir. Ticari faaliyetin özelliklerinden biri de faaliyetin bir gelir elde etme amacı ile yapılmasıdır ve bu amaca uygun olarak, özel okullar tarafından ifa edilen eğitim öğretim hizmeti bir bedel karşılığı verilmektedir. Buradan hareketle özel eğitim kurumları tarafından ifa edilen hizmetler istisna hükmü kapsamında değildir. Ayrıca Katma Değer Vergisi Kanunu'nun 1'inci maddesine göre, ticari, sınai, zirai faaliyet ve serbest meslek faaliyeti çerçevesinde yapılan teslim ve hizmetler katma değer vergisine tabidir. Dolayısıyla ticari faaliyet olan eğitim ve öğretim hizmetleri katma değer vergisi kapsamındadır ve 17/1-a maddesinde düzenlenen eğitim ve kültür istisnası kapsamına girmemektedir.

2.4.5.2. Bedelsiz Verilen Eğitim Hizmetlerine Yönelik İstisnalar

3065 sayılı Katma Değer Vergisi Kanunu'nun 17/2-b maddesine göre; "*08.02.2007 tarihli ve 5580 sayılı Kanun hükümlerine tabi özel okullarca bedelsiz verilen eğitim öğretim hizmetlerinde ilgili dönemdeki kapasitelerinin %10'unu, üniversite ve yüksek okullarda ise %50'sini geçmemek üzere verilen bedelsiz eğitim ve öğretim hizmetleri katma değer vergisinden istisna edilmiştir.*" Anılan kanun hükmü bugün yürürlükte olan, yukarıda yazılı haline gelene kadar bazı kanunlarla bir takım değişikliklere uğramıştır. Bedelsiz yapılan mal teslimi ve hizmet ifalarının katma değer vergisinden istisna edileceği hükmü kanun metnine ilk olarak

3297 sayılı Kanun[32] ile eklenmiştir. 3297 sayılı Kanun'a göre; *"Kanunların gösterdiği gerek üzerine bedelsiz olarak yapılan mal teslimi ve hizmet ifaları ile yukarıda sayılan kurum ve kuruluşlara yapılan her türlü mal teslimi ve hizmet ifaları Katma Değer Vergisinden istisnadır."* Söz konusu madde hükmü 25.12.2003 tarihli 5035 sayılı Kanun[33] ile tekrar değiştirilmiştir. 5035 sayılı Kanun'da yer alan hüküm *"Kanunların gösterdiği gerek üzerine bedelsiz olarak yapılan mal teslimi ve hizmet ifaları, yukarıda sayılan kurum ve kuruluşlara bedelsiz olarak yapılan her türlü mal teslimi ve hizmet ifaları ile fakirlere yardım amacıyla gıda bankacılığı faaliyetinde bulanan dernek ve vakıflara Maliye Bakanlığınca belirlenen usul ve esaslar çerçevesinde bağışlanan gıda maddelerinin teslimi Katma Değer Vergisinden istisnadır"* şeklindedir. Kanun maddesinin bugünkü lafzına ulaşması yolundaki en önemli değişiklik 16.07.2004 tarihinde 5228 sayılı Kanunun[34] 15'inci maddesiyle gerçekleştirilmiştir. Adı geçen kanunun 15'inci maddesine göre, *"Üniversite ve yüksek okullar ile 08.06.1965 sayılı Kanun hükümlerine tabi özel okullar tarafından ilgili dönemdeki kapasitelerinin %10'unu geçmemek üzere verilen bedelsiz eğitim ve öğretim hizmetleri katma değer vergisinden istisnadır."*

14.02.2007 tarihinde 5580 sayılı Özel Öğretim Kurumları Kanunu'nun yürürlüğe girmesi sonucu, Katma Değer Vergisi Kanunu'nun 17'inci maddesi, 03.28.2007 tarihinde kabul edilen 5615 sayılı Kanun'un[35] 13'üncü maddesiyle *"08.02.2007 tarihli ve 5580 sayılı Kanun hükümlerine tabi özel okullar tarafından ilgili dönemdeki kapasitelerinin %10'unu, üniversite ve yüksekokullarda %50'sini...."* şeklinde değiştirilmiştir. Konu

---

[32] 20.06.1986 tarih ve 19140 sayılı Resmi Gazete'de yayımlanmıştır.
[33] 02.01.2004 tarih ve 25334 sayılı Mükerrer Resmi Gazete'de yayımlanmıştır.
[34] 31.07.2004 tarih ve 25539 sayılı Resmi Gazete'de yayımlanmıştır.
[35] 04.04.2007 tarih ve 26483 sayılı Resmi Gazete'de yayımlanmıştır.

ile ilgili son olarak 5904 sayılı Kanunla[36] düzenleme yapılmıştır. Bu düzenleme tamamen kanunun lafzına yönelik olmuş, içeriğinde herhangi bir değişikliğe neden olmamıştır. Bugün yürürlükte olan madde hükmü 5904 sayılı Kanunla değiştirilen hükümdür.

5580 sayılı Özel Öğretim Kuruları Kanunu'nun 2'inci maddesine göre kurum; okul öncesi eğitim, ilköğretim, ortaöğretim, özel eğitim okulları ile çeşitli kursları, uzaktan öğretim yapan kuruluşları, dershaneleri, motorlu taşıt sürücü kursları, hizmet içi eğitim merkezleri ile benzeri özel öğretim kurumlarını ifade eder. Aynı maddenin (c) bendinde okul kavramının, okul öncesi eğitim, ilköğretim, özel eğitim ve ortaöğretim özel okullarını kapsadığı belirtilmektedir. Katma Değer Vergisi Kanunu'nun 17'nci maddesinde ifade edilen bedelsiz eğitim hizmeti verme istisnası sadece özel okullara yönelik olarak düzenlenmiştir. Yani sadece (c) bendinde sayılan okullar katma değer vergisi istisnasından yararlanabilecektir. Özel Öğretim Kurumları Kanunu'nda "kurum" kavramı daha geniştir ancak sayılan bütün kurumlar istisna dahilinde değildir. Başka bir ifadeyle, özel okullar dışında kalan kurumların (sürücü kursları, dershaneler gibi) ücretsiz olarak hizmet verdikleri öğrenciler için emsal bedel üzerinden KDV hesaplamaları ve beyan etmeleri gerekmektedir.

Özel Öğretim Kurumları Kanunu'nun 13'üncü maddesine göre, "*Kurumlar öğrenim gören öğrenci sayısının yüzde üçünden az olmamak üzere ücretsiz öğrenci okutmakla yükümlüdür. Bakanlıkça bu oran yüzde ona kadar artırılabilir.*" Kanun maddesinden anlaşılacağı üzere özel okullar için ücretsiz öğrenci okutma konusunda, %3 oranında kanuni zorunluluk mevcuttur. Özel okul işletmeleri kendi istekleri ile bu oranı artırabilirler. Bu durumda anılan okullar, sadece %10 oranındaki kısım için katma değer

[36] 03.07.2009 tarih ve 27277 sayılı Resmi Gazete'de yayımlanmıştır.

vergisi ödemeyecek, %10'u aştıkları takdirde KDV hesaplayıp, beyan edeceklerdir.

Burada dikkat edilmesi gereken bir diğer önemli nokta, istisna kapsamında sadece bedelsiz verilen eğitim öğretim hizmetlerinin olduğudur. Bunun dışında yayın, danışmanlık ve bilimsel araştırmalar gibi bazı Anayasal görev ve hizmetler bedelsiz olsa dahi istisna kapsamında değerlendirilmeyecektir (Çakmakçı, 2011, s. 125).

Bedelsiz okutulan öğrenciler için hasılat kaydı yapılmasına gerek yoktur ancak 213 sayılı Vergi Usul Kanunu'nun ispat edici kağıtlara ilişkin 227 ve faturanın tarifine ilişkin 229'uncu maddeleri gereğince fatura düzenlenmesi gerekmektedir. Aksi takdirde muhasebe için geçerli olan "tam açıklama" ve "tarafsızlık" kavramlarına aykırı hareket edilmiş olacaktır (Şimşek, 2011, s.172).

21.04.2009[37] tarihli Maliye Bakanlığı özelgesinde şu açıklamalar yer almaktadır: "*......burslu öğrencilerin öğrenin ücretinin belirli bir kısmının karşılanması halinde, Vergi Usul Kanunu'nun 3'üncü maddesi uyarınca vergiyi doğuran olayın gerçek mahiyeti esas olduğundan burslu okutulan öğrencilerle ilgili olarak tahsil edilmeyen tutarlar için hasılat kaydının yapılmasına gerek bulunmamaktadır.*"

17'inci madde kapsamında yer alan ücretsiz öğrenci okutulması istisnasının uygulanabilmesi için gerekli olan şartları şu şekilde özetleyebiliriz:

- İstisna hükmünden yararlanabilmek için hizmet ifasında bulunan tarafın 5580 sayılı Kanunun 2/c maddesinde sayılan okullardan biri olması gerekmektedir. Özel okullar dışında kalan ve anılan kanunda sayılan diğer kurumların faaliyetleri istisna kapsamı dışında bırakılmıştır.

---

[37] Maliye Bakanlığı'nın 21.04.2009 tarih ve B.07.1.GİB.0.03.55/5517-2148 sayılı özelgesi.

- İstisna sadece özel okullar tarafından yerine getirilecek eğitim öğretim hizmetleri için geçerlidir. Söz konusu okullar tarafından verilmekle birlikte, eğitim öğretim hizmeti dışında kalan diğer hizmet ifaları istisna dahilinde değildir.
- İstisna özel okulların ilgili dönemdeki kapasitelerinin %10'unu aşmayan bedelsiz eğitim ve öğretim hizmetlerini kapsar. Bu oranı geçen hizmetler bedelsiz olsa dahi emsal bedel üzerinden vergilendirilecektir.

Maliye Bakanlığı'nın konuya yönelik 21.04.2009 tarihli özelgesinde şu ifadeler yer almaktadır: "*......Milli Eğitim Bakanlığı'na bağlı olarak faaliyet gösteren özel öğretim kurumlarının kurucuları tarafından öğrenci ve kursiyerlerine 5580 sayılı Kanun uyarınca bedelsiz olarak verilecek eğitim ve öğretim hizmetleri Katma Değer Vergisi Kanunu'nun 17/2-b maddesi hükmü gereği katma değer vergisinden istisnadır.*"

Ancak, söz konusu istisna kapsamındaki hizmet ifaları nedeniyle yüklenilen katma değer vergisi ise Katma Değer Vergisi Kanunu'nun 30/a maddesi gereğince, indirim konusu yapılamayacak, indirilemeyen bu vergi gelir veya kurumlar vergisi matrahlarının tespitinde işin mahiyetine göre gider ya da maliyet unsuru olarak kabul edilebilecektir.

Katma değer vergisinde indirim mekanizması söz konusudur ve indirim mekanizmasına sahip olması KDV'nin en önemli özelliğidir. Katma değer vergisi indiriminde asıl olan, mükelleflerin mal teslimi ve hizmet ifası sonucu hesapladıkları KDV'den, mal ve hizmet alımları sırasında ödedikleri KDV'nin indirilmesidir. Ayrıca hesaplanan katma değer vergisinin indirim konusu yapılabilmesi için tahsil edilmiş olup olmamasının önemi yoktur.

Katma Değer Vergisi Kanunu'nun 30/a maddesine göre, "*Vergiye tabi olmayan veya vergiden istisna edilmiş bulunan malların teslimi ve hizmet ifası ile ilgili alış vesikalarında gösterilen veya bu mal ve hizmetlerin maliyetleri içinde yer alan katma değer vergisi mükellefin vergiye tabi işlemleri üzerinden hesaplanan katma değer vergisinden indirilemez.*" Aynı kanunun 32'nci maddesine göre, "*Bu Kanunun 11, 13, 14 ve 15'inci maddeleri ile 17'nci maddenin (4) numaralı fıkrasının (s) bendi uyarınca vergiden istisna edilmiş bulunan işlemlerle ilgili fatura ve benzeri vesikalarda gösterilen Katma Değer Vergisi, mükellefin vergiye tabi işlemleri üzerinden hesaplanacak katma değer vergisinden indirilir*". Katma Değer Vergisi Kanunu'nun konu ile ilgili olan 33'üncü maddesi ise şu şekildedir; "*Bu Kanuna göre indirim hakkı tanınan işlemlerle indirim hakkı tanınmayan işlemlerin bir arada yapılması halinde, fatura ve benzeri vesikalarda gösterilen katma değer vergisinin ancak indirim hakkı tanınan işlemlere isabet eden kısmı indirim konusu yapılır*".

İlgili kanun maddelerinden de anlaşılacağı üzere KDV istisnaları, yüklenilen vergilerin indirim konusu yapılabildiği ve yapılamadığı istisnalar olarak iki gruba ayrılabilmektedir. Literatürde, Katma Değer Vergisi Kanunu'nun 30/a maddesine göre yüklenilen vergilerin indirim konusu yapılamadığı istisnalar "kısmi istisna"; 32'nci maddesine göre yüklenilen vergilerin indirim konusu yapıldığı, hatta indirilemeyen kısmın iade edildiği istisnalar "tam istisna" olarak adlandırılmaktadır. Burada belirleyici olan unsur, yüklenilen vergilerin indirim konusu yapılıp yapılamadığıdır (Oktar, 2009, s. 6).

3065 sayılı Kanun'un 17'nci maddesi kapsamında yer alan ücretsiz olarak okutulacak öğrencilere yönelik istisna "kısmi istisna" niteliğindedir. Söz konusu madde kapsamındaki hizmet ifasını gerçekleştiren özel okullar hizmet sunmak için yüklendikleri katma değer vergisini aynı kanununun 30 ve 32'nci maddeleri uyarınca indirim konusu yapamayacaklardır. Ayrıca bu vergilerin iadesi de söz konusu olmayacaktır. Dolayısıyla özel okullar kapasitelerinin %10'una kadar bedelsiz okutulacak öğrenciler için yapılan harcamaların bünyesindeki KDV tutarlarını dönem kazançlarının tespitinde gider ya da maliyet olarak dikkate alacaklardır (Şimşek, 2010, s. 173).

Özel okulların kanunda belirtilen %10 oranının üzerinde ücretsiz öğrenci okutmaları mümkündür. O takdirde yapılan hizmet ifası istisna hükmü dışında değerlendirilecek ve hizmeti veren kurumlar emsal bedel üzerinden katma değer vergisi hesaplayacak ve beyan edecekledir. Böyle bir durumda alışlarda yüklenilen katma değer vergisi, 3065 sayılı Kanun'un 29'uncu maddesi gereği indirim konusu yapılabilecektir. Yani bedelsiz hizmet verilen ilk %10 oranındaki dilim için KDV indirimi söz konusu değil iken, %10'luk haddin aşılması halinde indirim mekanizması uygulanacaktır.

Katma Değer Vergisi Kanunu'na göre, indirim hakkı tanınan ve indirim hakkı tanınmayan işlemlerin bir arada yapılması durumunda fatura ve benzeri vesikalarda gösterilen katma değer vergisinin sadece indirim hakkı tanınan işlemlere isabet eden kısmı indirim konusu yapılabilir. İşletmeler bunu yaparken, toplam satışlar içinde indirim hakkı tanınmayan işlemlerin oranını bulacak ve oranı toplam satışlar dolayısıyla hesaplanan katma değer vergisine uygulayarak indirim konusu yapacağı ve yapamayacağı vergileri hesaplayacaktır.

Katma Değer Vergisi Kanunu'nun 33'üncü maddesine dayanılarak yayımlanan 26 Seri No.lu KDV Genel Tebliği'nin G/4 bölümünde konuya yönelik olarak şu açıklamalar yapılmıştır: *"İndirim hakkı tanınan ve tanınmayan işlemleri birlikte yapan mükellefler, alışlarında yüklendikleri vergileri, herhangi bir ayırım yapmaksızın tamamen o dönemde indirilebilir katma değer vergisi hesabına intikal ettireceklerdir. Daha sonra aynı dönemde, toplam satışlar içinde indirim hakkı tanınmayan işlemlerin oranı bulunacak, bu oran, o dönemdeki toplam satışlar nedeniyle yüklenilen vergilere uygulanarak, istisna kapsamına giren işlemler dolayısıyla yüklenilen vergi miktarı hesaplanacaktır. Bu şekilde bulunacak, vergisiz satışlara (kısmi istisna kapsamına giren işlemlere) ait yüklenilen vergiler, indirilebilir katma değer vergisi hesabında çıkartılarak, gide ve maliyet hesaplarına intikal ettirilecektir. İndirilecek verginin bulunmaması veya yetersiz olması halinde artan kısım, "fazla ve yersiz hesaplanan" vergi olarak beyan edilecektir."*

Ayrıca KDV kanunu'nun 18'inci maddesi gereği özel okulların bu istisnadan vazgeçme imkanı bulunmamaktadır. İstisnadan vazgeçme başlıklı bu madde hükmü:

1. "Vergiden istisna edilmiş işlemleri yapanlar, ilgili vergi dairesine yazılı başvuruda bulunarak, belirtecekleri işlem türleri için vergiye tabi tutulmalarını talep edebilirler. Bu talebin dilekçede belirtilen ve dilekçe tarihinden sonra ifa edilen işlemlerin tamamını kapsaması şarttır. Şu kadar ki, mükellefiyetin devam etmekte olan işlemlere şümulü yoktur.

2. *Kamu menfaatine yararlı dernekler ve Bakanlar Kurulunca vergi muafiyeti tanınan vakıfların kuruluş amaçlarına uygun olarak işletmek veya yönetmek suretiyle ifa ettikleri teslim ve hizmetlere ilişkin istisnalar hariç olmak üzere 17'nci maddenin (1) ve (2) numaralı fıkralarıyla (3) numaralı fıkranın (a) ve (4) numaralı fıkranın (e) bentlerinde yazılı istisnalar hakkında yukarıdaki (1) numaralı fıkra hükmü uygulanmaz"* şeklindedir.

2.4.5.3. İstisna Uygulamasına Yönelik Sorunlar

5580 sayılı Özel Öğretim Kurumları Kanunu'nun 13'üncü maddesine göre, özel öğretim kurumları ücretsiz öğrenci okutmakla yükümlüdür. Ücretsiz öğrenci okutulmasının yanı sıra burslu öğrenci de okutulabileceği kanunda ayrı olarak düzenlenmiştir.

Özel Öğretim Kurumları Yönetmeliği'nde de burslu ve ücretsiz öğrenci okutulması konuları ayrı ayrı düzenlenmiştir. Aynı yönetmeliğin 62'nci maddesine göre, burslu okutulacak öğrenci ve kursiyerlerin oranı, ücretsiz okutulacakların oranının dışında tutulur.

Özel Öğretim Kurumları Yönetmeliği'nin 63'üncü maddesinde burs verme şekilleri yer almaktadır. Buna göre öğrencilere;

a) Bir yıllık öğrenim ücretinin bir kısmının veya tamamının karşılanması,

b) Öğrenimi süresince öğrenim ücretinin karşılanması,

c) Bir yıllık kırtasiye masrafının karşılanması,

d) Bakanlığın resmi okul öğrencileri için tespit ettiği en az burs miktarı kadar harçlık ve benzeri şekillerde burs verilebilir.

Anılan yönetmeliğe göre; ücretsiz okutulacak öğrenci ve kursiyer, bir öğretim yılı veya dönem içinde ücretsiz veya indirimli öğrenim gören öğrenci ve kursiyeri ifade etmektedir. Burslu öğrenim gören öğrencilerden tanımda bahsedilmemiştir. Ancak 63'üncü maddenin (a) bendinde yer alan ifadeye göre, bir yıllık öğrenim ücretinin kısmen veya tamamen karşılanması şeklinde burs verilebilir. Bizce, bu şekilde burs verilen öğrencilerin de ücretsiz okutulan öğrenciler olarak değerlendirilmesi yerinde olacaktır.

Konu ile ilgili bir diğer husus da, Katma Değer Vergisi Kanunu'nun 17'nci maddesinde KDV'den istisna edilecek hizmetler belirlenirken, "bedelsiz verilen eğitim hizmetleri" deyimi kullanılmıştır. Burslu ya da ücretsiz okutulan öğrenciler yönünde bir ayırım yapılmamıştır. Bedelsiz deyimi, kelime anlamı itibariyle ücretsiz deyimine karşılık gelmektedir ve yukarıda yapılan açıklamalar uyarınca, burslu öğrencilerin de bedelsiz okutulacak öğrenciler kapsamında değerlendirilmesi gerekmektedir. Ayrıca, eğitim hizmetlerinde vergiyi doğuran olay öğrenim ücretlerinden kaynaklandığından, özel okullar tarafından öğrenim ücretinin tamamının veya bir kısmının karşılanması şeklinde verilen burslar, bedelsiz kavramı kapsamında değerlendirilmelidir (Şimşek, 2010, s. 171).

Bizce, kanundaki ifadeler, lafzı açık olmayan ifadelerdir ve bu durum yanlış uygulamalara neden olmaktadır. Dolayısıyla gerek kanun, gerekse yönetmelik hükümlerinin yanlış anlamalara yol açmamak için açık ve anlaşılır biçimde düzenlenmesi gerekmektedir. Önceki bölümlerde belirtildiği üzere bu konuya yönelik hükümlerin yer aldığı "Özel Öğretim Kurumları'nda Ücretsiz veya Burslu Okutulacak Öğrenci ve Kursiyerler Hakkında Yönetmelik" 2012 yılının Mart ayında yürürlükten kaldırılmıştır. Ancak yerine uygulamaya konulan Özel Öğretim Kurumları Yönetmeliği'nde de aynı belirsiz ifadeler yer almaktadır. Başka bir deyişle, yeni yönetmelikte bu konudaki anlam karmaşasını ortadan kaldıracak düzenlemeler yapılmamıştır.

2.4.5.4. Özel Okulların İlan Ettikleri Ücret Bedelinden Daha Düşük Ücret Almaları Durumunda KDV Uygulaması

Milli Eğitim Bakanlığı Özel Öğretim Kurumları Yönetmeliği'ne göre, kurumların öğrenim ve diğer ücretleri, kurumlarca her yıl tespit edilerek ocak ayından itibaren mayıs ayının sonuna kadar ilan edilir. Bu ilanlarda ders yılı, aylık veya ders saati ücretiyle birlikte, peşin veya süreli ödemeler ve kurumca belirlenecek diğer indirimler belirtilir. Öğrenci ve kursiyerlere; yetiştirme kursu, yemek, servis, pansiyon, etüt ve benzeri hizmetleri verecek kurumlar, bu hizmetler için alacakları ücretleri de aynı tarihlerde tespit ve ilan ederler. Bu süre içinde ücret ilanı yapmayan kurumlar bir önceki yılın ücretini alırlar. Aynı yönetmeliğin 55'inci maddesine göre, ilköğretim ve ortaöğretim kurumlarında ücretler yıllık olarak hesap edilir.

Yukarıda bazı hükümlerine yer verilen yönetmelik 20 Mart 2012 tarihinde yürürlüğe girmiştir. O tarihten önce, özel okul ücretleri "Özel Öğretim Kurumları Öğrenci ve Kursiyer Ücretleri Tespit ve Tahsil Yönetmeliğinde" yer alan esaslara göre belirlenmekteydi. Ancak 20 Mart 2012'de anılan yönetmelik yürürlükten kaldırılmıştır ve 2012 yılının mart ayında uygulamaya konulan yeni yönetmeliğe, özel okulların ilan ettikleri ücret bedelinden daha düşük ücret alıp alamayacağı ile ilgili yeni ve farklı bir hüküm eklenmiştir. Milli Eğitim Bakanlığı Özel Öğretim Kurumları Yönetmeliği'nin 54/d maddesinde yer alan hükme göre; *"Kurumlar ilan ettikleri ücretin altında bir ücretle kayıt yapabilirler ancak, ilan edilen ücretin üzerinde bir ücret talep edemezler."* Anılan madde bazı tereddütleri beraberinde getirmektedir.

3065 sayılı Katma Değer Vergisi Kanunu'nun 27'nci maddesinin 2'nci bendine göre, *"Bedelin emsal bedeline veya emsal ücretine göre açık bir şekilde düşük olduğu ve bu düşüklüğün mükellefçe açıklanamadığı hallerde de, matrah olarak emsal bedeli veya emsal ücreti esas alınır."* Uygulamada özel okullar ve dershaneler, piyasa koşulları gereği oluşan rekabet nedeniyle ilan ettikleri ücretlerin altında öğrenci okutabilirler (Acar, 2000, s. 60). Dolayısıyla kanun koyucu böyle bir durumda emsal bedel uygulamasını kabul etmiştir. Ayrıca Vergi Usul Kanunu'nun 3/b maddesine göre, vergilendirmede vergiyi doğuran olay ve bu olaya ilişkin muamelelerin gerçek mahiyeti esastır. Ancak olayın gerçek mahiyeti ile emsal bedel arasındaki farkın mükellef tarafından açıklanması gerekir. Eğer mükellef haklı sebeplerle izah edemiyorsa, emsal ücret üzerinden vergilendirilecektir.

Maliye Bakanlığı'nın bu konuda yaptığı açıklamalar mevcuttur. Maliye Bakanlığı tarafından 1997 yılında verilen özelgede[38] şu ifadeler yer almaktadır:

"………ticari kazancın gerçek usulde tespitinde, elde edilen hasılat ve yapılan giderler gerçek tutarları ile dikkate alınır. En basit tanımı ile mal ve hizmetin gerçek tutarı, piyasa koşulları altında birbirinden bağımsız alıcı ve satıcı arasında ticari ve teknik icaplara uygun olarak anlaşılan tutarı ifade etmektedir. Bu tutarın bir mesleki kuruluş veya yetkili kurum tarafından belirlenen ücret tarifesine göre düşüklük göstermesi mümkün olup ticari kazancın tespitinde gerçek mal ve hizmet bedelinin dikkate alınması gerekir. Ancak bu bedelin emsaline göre açık bir düşüklük göstermemesi gerekeceği tabiidir.

…………

Kayıtlara intikal ettirilen bedelin emsaline göre açık bir şekilde düşük olması ve bu düşüklüğün nedeninin ekonomik ve teknik icaplara uygun olarak açıklanamaması halinde, Milli Eğitim Bakanlığınca ilan edilen öğrenim ücretleri de dikkate alınarak yapılacak inceleme sonucunda elde edilecek verilere göre gerekirse mükellef kurum adına ilave tarhiyat yapılacaktır."

[38] Maliye Bakanlığı'nın 28.05.1197 tarih ve B.07.0.GEL.0.53-5320-237/221127 sayılı özelgesi.

Yukarıda anılan özelge ve kanun hükümleri birlikte değerlendirildiğinde o tarihlerde var olan uygulamanın şu şekilde olduğu sonucuna varılmaktadır: ilan edilen öğrenim ücretlerinden daha düşük bedelle öğrenci okutulması durumunda, gelir, kurumlar ve katma değer vergileri açısından esas alınacak bedel hizmetin karşılığını teşkil eden gerçek bedeldir. Ancak, kayıtlara intikal ettirilen bedelin emsaline göre bariz bir şekilde düşük olması ve bu düşüklüğün nedeninin ekonomik koşullara uygun olarak açıklanamaması durumunda emsal bedel esas alınarak tarhiyat yapılacaktır (Acar, 2000, s. 61).

2012 yılının Mart ayında yürürlüğe giren yönetmelikte yer alan düzenleme yanlış uygulamalara yol açacak niteliktedir. Çünkü anılan madde hükmü özel okulların ilan ettikleri ücretten daha düşük ücret almalarına izin vermektedir. Ancak emsal bedel uygulaması Katma Değer Vergisi Kanunu'nda düzenlenmiştir ve Anayasa Hukukunda, normlar hiyerarşisinde, kanunlar yönetmeliklerden daha üst sırada yer almaktadır. Başka bir ifadeyle, bir kanun ve bir yönetmelik hükümlerinin çeliştiği durumlarda kanun hükümlerinin öncelikle uygulanması hakkı bulunmaktadır. Buna rağmen, yapılan düzenlemenin özel okul işletmelerinde bazı karışıklıklara neden olacağı muhtemeldir. Bu nedenle, ilgili makam ve kuruluşların konuya açıklık getirmesi yerinde olacaktır.

2.5. ÖZEL ÖĞRETİM KURUMLARININ DİĞER VERGİ KANUNLARI AÇISINDAN DEĞERLENDİRİLMESİ

Özel öğretim kurumları hukuki niteliklerine göre, Gelir ya da Kurumlar Vergisi mükellefi olabilmektedir. Ayrıca anılan kurumlar tarafından verilen eğitim öğretim hizmeti Katma Değer Vergisine tabidir. Çalışmanın önceki bölümlerinde Gelir Vergisi, Kurumlar Vergisi ve Katma Değer Vergisi

Kanunu özel okul işletmeleri açısından ayrıntılı olarak incelenmiştir. Burada Veraset ve İntikal Vergisi Kanunu, Harçlar Kanunu ile Emlak Vergisi Kanunu'nda yer alan ve özel öğretim kurumları ile ilgili hükümlere ilişkin açıklamalar yapılacaktır.

7338 sayılı Veraset ve İntikal Vergisi Kanunu'nun[39] 3'üncü maddesine göre; "*Amme idareleri, emekli ve yardım sandıkları, sosyal sigorta kurumlar, umumi menfaate hadim cemiyetler, siyasi partiler ve bunlara ait olan veya bunların aralarında kurdukları teşekküllerden kurumlar vergisine tabi olmayanlar ile bu kurum ve kuruluşlar dışında kalan tüzel kişilere ait olup kamu yararına çalışan ilim, araştırma, kültür, sanat, sağlık, eğitim, din, hayır, imar, spor gibi amaçlarla kurulmuş olan teşekküllerin veraset ve intikal vergisinden muaftır.*" Ancak anılan madde hükmü özel öğretim kurumlarını kapsamamaktadır. Çünkü özel okul işletmeciliği ticari faaliyettir ve kar amacıyla yapılmaktadır ve eğitim öğretim hizmeti için gerekli ücreti ödemediği sürece bireylerin bu faaliyetten yararlanma imkanı bulunmamaktadır. Dolayısıyla özel okullar kendilerine yapılan bağış veya diğer ivazsız intikaller için Veraset ve İntikal Vergisi ödemekle yükümlüdür.

492 sayılı Harçlar Kanunu'na[40] ekli (8) sayılı tarifenin "Özel Okul ve Özel Dershane İşletme Ruhsatnameleri" başlıklı V.18 numaralı ayırımında ilköğretim ve lise seviyesindeki özel okullar ile özel dershane ruhsatnamelerinden ve sürücü kursları açmak için verilecek okul açma belgelerinden alınacak harç miktarları yer almaktadır.

Anılan tarifede kazanç temini gayesi bulunmayan ve genel eğitime yararlı olduğu Milli Eğitim Bakanlığı'nca tasdik olunan özel okulların harçlardan

[39] 15.06.1959 tarih ve 10231 sayılı Resmi Gazete'de yayımlanmıştır.
[40] 17.07.1964 tarih ve 11756 sayılı Resmi Gazete'de yayımlanmıştır.

müstesna olduğu belirtilmiştir. Hüküm gereği, özel okulların harçlardan muaf tutulabilmesi için kazanç gayelerinin olmaması, genel eğitime yararlı olduklarının Bakanlık tarafından tasdik edilmiş olması gerekmektedir. Dolayısıyla, kazanç elde etme amacı olan ve ticari faaliyet icra eden çalışma kapsamındaki özel okullar için istisna uygulaması söz konusu değildir.

Yukarıdaki açıklamalardan anlaşılacağı üzere Harçlar Kanunu ile Veraset ve İntikal Vergisi Kanunu'nda eğitimin teşvik edilmesine yönelik muafiyet ve istisnalar yer almaktadır. Ancak her iki Kanunda düzenlenen hükümlerde de özel okullar kapsam dışı bırakılmıştır.

Emlak Vergisi Kanunu'nda ise, özel okulların sadece küçük bir bölümüne yönelik düzenleme yer almaktadır. 1319 sayılı Emlak Vergisi Kanunu'nun[41] 4/r maddesine göre; *"Karşılıklı olmak şartıyla Uluslararası Antlaşmalar hükümlerine göre azınlık sayılan cemaatlere ait özel okul binaları bina vergisinden daimi olarak muaftır."* (r) bendinde yer alan muafiyet sadece azınlık ve cemaatlere ait özel okullar için geçerlidir. Çalışmanın birinci bölümünde yer alan diğer özel okul türleri için muafiyet söz konusu değildir. Dolayısıyla azınlık ve cemaatlere ait özel okullar diğer kurumlar karşısında avantajlı konuma getirilmiştir. Ancak Türkiye'de faaliyet gösteren özel okulların çoğu, Türkler tarafından açılmış okullardır ve bu okullar için herhangi bir muafiyet söz konusu değildir. Vergide adalet ilkesinin sağlanması açısından kanunda gerekli düzenlemelerin yapılmasına ihtiyaç vardır (Taytak, 2007, s. 108).

[41] 11.08.1970 tarih ve 13576 sayılı Resmi Gazete'de yayımlanmıştır.

2.6. ÖZEL ÖĞRETİM KURUMLARINA YÖNELİK ÖZELLİKLİ DURUMLAR

2.6.1. Özel Öğretim Kurumlarında Hesap Dönemi

Hesap dönemi, elde edilen kazancın, başladığı ve sona erdiği zaman sınırını ifade etmek için kullanılan bir kavramdır (Şenyüz; Gerçek; Yüce, 2008, s. 269). Vergi Usul Kanunu'nun 174'üncü maddesine göre, defterler hesap dönemi itibariyle tutulur. Kayıtlar hesap dönemi sonunda kapatılır ve ertesi dönem başında yeniden açılır. Buna göre mükelleflerin gelir ve kazançları hesap dönemi içinde elde ettikleri tutarlar üzerinden vergiye tabi olacaktır. Vergi Usul Kanunu'nda üç farklı hesap dönemine yer verilmiştir. Bunlar;

Normal Hesap Dönemi: Vergi Usul Kanunu'nun 174/2'nci maddesine göre, hesap dönemi normal olarak takvim yılıdır. Dolayısıyla 1 Ocak-31 Aralık tarihleri arasında kalan ve 12 aylık süreyi kapsayan dönem, normal hesap dönemi olarak adlandırılmaktadır.

Özel Hesap Dönemi: Takvim yılı dönemi faaliyet ve muamelelerinin mahiyetine uygun bulunmayanlar için, bunların müracaatı üzerine Maliye Bakanlığı 12'şer aylık özel hesap dönemleri belli edebilir (VUK md. 174/3). Özel hesap dönemleri, takvim yılının dışında, mükellefin talebi üzerine Maliye Bakanlığı'nın tanıdığı 12 aylık dönemlerdir. Özel hesap dönemi 12 aydan az olamaz (Tosuner ve Arıkan, 2007, s. 21). Vergi Usul Kanunu'nun 174'üncü maddesine göre, özel hesap dönemi tayin edilenlerin ticari ve zirai kazançları, hesap döneminin kapandığı takvim yılının kazancı sayılır.

Kıst Hesap Dönemi: Vergi Usul Kanunu'na göre, yeniden işe başlama veya işi bırakma hallerinde, hesap dönemi içinde bir yıldan eksik olan faaliyet süresi, hesap dönemi sayılır (VUK md.174/4).

Hesap döneminin normal olarak takvim yılı olduğu, ancak sürdürdüğü iktisadi faaliyetin özelliği buna uygun olmayan mükelleflerin Maliye Bakanlığı'na başvurarak 12 aylık özel hesap dönemi talep edebilecekleri Vergi Usul Kanunu'nda hükme bağlanmıştır. Eğitim öğretim hizmeti veren kuruluşlar bu haklarını kullanmakta ve takvim yılı yerine özel hesap dönemini tercih etmektedir.

Özel okullarda genellikle 1 Temmuzda başlayıp 30 Haziran tarihinde sona eren özel hesap dönemi kullanılmaktadır. Çünkü hizmet ifası, Eylül ayında başlamakta ve Haziran ayına kadar devam etmektedir. Bu nedenle okullar, hizmet ifasının sona erdiği ayda hesap döneminin de sona ermesini uygun bulmaktadır. Normal hesap dönemi kullanıldığı takdirde, eğitim yılında elde edilen gelirin bir kısmı bir yıla, bir kısmı ertesi yıla ait olacaktır ve kar zararın tespiti sonraki yıla kalacaktır. Bütün bu olumsuzlukların önüne geçmek için okullar özel hesap dönemi kullanmaktadır. Ancak bütün özel okullar özel hesap dönemi kullanmak zorunda değildir.

2.6.2. Özel Öğretim Kurumları Personeline Ödenen Ücretlerin Vergi Kanunları Karşısındaki Durumu

Özel okullarda çalıştırılacak personelin özlük hakları konusundaki açıklamalar 5580 sayılı Özel Öğretim Kurumları Kanunu'nda yer almaktadır. Ayrıca, personele ödenecek ücretlerin ve ek ödemelerin hangilerinin vergiye tabi olduğu hangilerinin olmadığı konusundaki hükümler aynı kanunda yer almaktadır.

2.6.2.1. Özel Öğretim Kurumlarında Çalıştırılacak Personel Ve Personelin Özlük Hakları

5580 sayılı Özel Öğretim Kurumları Kanunu'na göre, kurumların eğitim öğretim hizmetlerinin, asıl görevi bu kurumlarda olan yönetici ve eğitim öğretim elemanları ile yürütülmesi esastır. Bir kurumun öğretime başladığı tarihten itibaren mevcut ders saati sayısının, kuruluş sırasında üçte birinin kuruluşundan üç yıl sonra da en az üçte ikisinin asıl görevi bu kurumlarda olan öğretmen, uzman öğretici veya usta öğreticiler tarafından okutulması zorunludur.

Kurumların yöneticilik ve eğitim öğretim hizmetlerinde, en az dengi resmi öğretim kurumlarına atanabilmek için gerekli nitelik ve şartları taşıyanlar, resmi dengi bulunmayan kurumların yöneticilik ve eğitim öğretim hizmetlerinde ise yönetmelikle belirtilen nitelik ve şartları taşıyanlar görevlendirilir.

5580 sayılı Kanunun 9'uncu maddesinde özel öğretim kurumlarında çalıştırılacak personelin özlük hakları ile ilgili düzenlemeler yer almaktadır. Ancak anılan maddenin personel ücretleri ile ilgili hükümler içeren ikinci fıkrası 6528 sayılı Kanunun 14 üncü maddesiyle yürürlükten kaldırılmış ve bu değişiklik ücretlerle ilgili tartışmaları beraberinde getirmiştir.

5580 saylı Kanunun 6528 sayılı Kanunla kaldırılan 9/2 nci maddesi şu şekilde düzenlenmişti: "*Okullarda yöneticilik ve eğitim öğretim hizmeti yapanlara, kıdemlerine göre (emeklilik hariç) dengi resmi okullarda ödenen aylık ile sosyal tardın kapsamındaki ek ödeme tutarlarından az ücret verilemez.*" Dolayısıyla, ilgili hükmün kaldırılması ile özel okullarda görev yapan yönetici ve öğretmenlere, resmi okul yönetici ve öğretmenlerinden daha az ücret ödenmesi mümkün hale gelmiştir.

5580 sayılı Kanunun yürürlükte bulunan ve özlük haklarını düzenleyen hükümlerine göre, sosyal yardım kapsamındaki ek ödemeler, bütçe kanunlarıyla resmi okul öğretmen ve personeline sağlanan haklara denk olarak okul öğretmenlerine ve personeline de ödenir. Kurumlardaki ek ders ücreti miktarı resmi okullar için tespit edilen miktardan az olamaz.

Kurumlarda görev yapan yönetici, öğretmen, uzman öğretici ve usta öğreticiler; sosyal güvenlik ve özlük hakları yönünden, 506 sayılı Sosyal Sigortalar Kanunu ile 4857 sayılı İş Kanunu; yetki, sorumluluk, ödül ve cezalar ile bunların uygulanması bakımından, 657 sayılı Devlet Memurları Kanunu, 1702 sayılı İlk ve Orta Tedrisat Muallimlerinin Terfi ve Tecziyeleri Hakkında Kanun, 4357 sayılı Hususi İdarelerden Maaş Alan İlkokul Öğretmenlerinin Kadrolarına Terfi, Taltif ve Cezalandırılmalarına ve Bu Öğretmenler için Teşkil Edilecek Sağlık ve İçtimai Yardım Sandığı ile Yapı Sandığına ve Öğretmenlerin Alacaklarına Dair Kanun ile 4483 sayılı Memurlar ve Diğer Kamu Görevlilerinin Yargılanması Hakkında Kanun hükümlerine tabidir.

Ayrıca anılan maddenin birinci fıkrasında, kurumlarda çalışan yönetici, öğretmen, uzman öğretici ve usta öğreticiler ile kurucu veya kurucu temsilcisi arasında yapılacak iş sözleşmesi, en az bir takvim yılı süreli olmak üzere yönetmelikle belirtilen esaslara göre yazılı olarak yapılır. Mazeretleri nedeniyle kurumdan ayrılan öğretmen ve öğreticilerin yerine alınacak olanlar ile devredilen kurumların yönetici, öğretmen ve öğreticileri ile bir yıldan daha az bir süre için de iş sözleşmesi yapılabileceği belirtilmiştir. Bu noktada özel öğretim kurumları ile söz konusu yönetici, öğretmen ya da öğreticiler arasında yapılacak sözleşmeler hakkında açıklama yapmak yerinde olacaktır.

5580 sayılı kanun ve bu kanunu uygulanmasına yönelik Özel Öğretim Kurumları Yönetmeliği'ndeki hükümler gereğince eğitim personeli ile özel öğretim Kurumu arasında yapılan sözleşmeler nitelik itibariyle "belirli süreli iş sözleşmeleri"dir. Belirli süreli iş sözleşmelerinin düzenlenmesi ve kurulmasıyla ilgili hususlar 4857 sayılı İş Kanunu'nda düzenlenmiştir. Bu nedenle, bu nitelikteki sözleşmelerle ilgili hukuki uygulamalarda adı geçen kanun hükümlerinin öncelikle dikkate alınması gerekir.

Genel olarak, belirli iş sözleşmeleri nitelikleri gereği ne zaman veya hangi durumlarda (işin bitmesi vb.) sona ereceği belli olup, ucu açık sözleşmeler değildir. Bu durumda, aksi kararlaştırılmadığı sürece, sözleşmenin sona ereceği tarih belli olduğundan, sürenin dolmasıyla birlikte sözleşme kendiliğinden sona erecektir. Taraflardan birisinin karşı tarafa bildirimde bulunmasına gerek yoktur. Eğitim personeli ile özel öğretim kurumu arasında yapılan sözleşmeler de, belirli süreli olduğundan, bitim için öngörülen tarihte sözleşme kendiliğinden sona ermekte olduğundan, tarafların bildirimde bulunmalarına gerek yoktur (Camkurt, 2008, s. 240).

2.6.2.2. Özel Okul Öğretmen Ve Personeline Ödenen Ücretlerin Vergisel Boyutu

Özel Öğretim Kurumları Kanunu'na tabi kurumlarda çalışan öğretmen ve personeline ödenen asli ücretleri ile sosyal yardımlar dışında kalan özel hizmet tazminatı, iş riski ve eleman teminindeki güçlük zammı, ek ders ücreti ve kira yardımları, eğitim öğretim tazminatı ile yabancı dil tazminatı ve öğretim yılına hazırlık ödeneği, aile, çocuk, doğum, ölüm, tedavi, giyecek ve yiyecek yardımlarının gelir vergisine tabi olup olmadığı uzun bir süre tartışma konusu olmuştur. Bu konu ile ilgili olarak yayımlanan 17.06.1997 tarih ve 1997/4 sıra numaralı Gelir Vergisi Kanunu İç Genelgesi mükelleflerle Maliye idaresi arasında yargısal ihtilaflara neden olmuş ve anılan genelge 2003/2 sıra numaralı Gelir Vergisi Kanunu İç Genelgesi[42] ile yürürlükten kaldırılarak bu gelir unsurlarından hangilerinin gelir vergisinden istisna edileceği açıklanmıştır (Akın ve Küçük, 2005, s. 61).

657 sayılı Devlet Memurları Kanunu'na tabi devlet memurları için getirilen sosyal yardımlar bu kanunun "Sosyal Haklar ve Yardımlar" başlıklı VI'ncı kısmında (187-213'üncü maddeleri arasında) düzenlenmiş bulunmaktadır. 657 sayılı Devlet Memurları Kanunu'nun "Sosyal Haklar ve Yardımlar" başlıklı VI'ncı kısmında, "Zam ve Tazminatlar" başlığı altındaki ek maddenin II/B fıkrasında eğitim öğretim tazminatına yer verilmiş olup, aynı ek maddenin ortak hükümler başlıklı III'üncü fıkrasında ise bu maddenin ikinci bölümünde yer alan tazminatların damga vergisi hariç, herhangi bir vergiye tabi olmadığı belirtilmiştir.

Aynı kanunun ek 32'nci maddesinde ise Eğitim Ve Öğretim Hizmetleri Sınıfına dahil öğretmen unvanlı kadrolarda görevli olup, fiilen öğretmenlik yapanlara her öğretim yılında bir defaya mahsus olmak üzere ve öğretim yılının başladığı ay içinde Milli Eğitim Bakanı tarafından belirlenecek tarihte Bakanlar Kurulu'nca belirlenecek miktarda öğretim yılına hazırlık ödeneği ödeneceği, bu ödemenin damga vergisi hariç, diğer vergi ve kesintilere tabi olmayacağı hükme bağlanmıştır.[43] Ayrıca, 375 sayılı Kanun

---

[42] Maliye Bakanlığı'nın 15.04.2003 tarih ve B.07.0.GEL.0.42/4234–20 sayılı genelgesi.

[43] Eğitim öğretim tazminatının miktarı, Bütçe Kanunu'nun "K Cetvelinde", "diğer ödemeler" başlığı altında açıklanmaktadır. 2011-2012 eğitim öğretim yılında bu miktar 570 Türk Lirası olarak belirlenmiştir. 2011 yılı Bütçe Kanunu'nda konuya ilişkin şu ifade yer almaktadır: "657 sayılı Kanunun ek 32'nci maddesi uyarınca verilecek öğretim yılına hazırlık ödeneği Bakanlar Kurulu Kararı aranmaksızın 570 Türk Lirası olarak ödenir. Bu ödeme: öğretim yılının başladığı aydan sonra ve birinci dönem ders yılının sonundan önce göreve başlayanlar %75'i, birinci dönem ders yılından sonra ve ikinci dönem ders yılının sona ermesinden önce göreve başlayanlara ise %50'si oranında yapılır" (http://www.bumko.gov.tr/TR/Genel/BelgeGoster.aspx?F6E10F8892433CFF71BE64510F6C8BC9C6029A). 2012 yılı Bütçe Kanununda yer alan ödeme tutarı ise 600 Türk Lirasıdır

Hükmünde Kararnamenin 2'nci maddesi ile devlet memurlarına yabancı dil tazminatı ödenmektedir.

Maliye Bakanlığı'nca yayınlanan 1997/4 sıra numaralı Gelir Vergisi Kanunu İç Genelgesi ile özel öğretim kurumlarında çalışan personele ödenen eğitim öğretim tazminatı, öğretim yılına hazırlık ödeneği ile yabancı dil tazminatının gelir vergisine tabi olduğu belirtilmiştir. Ancak, bu ödemelerden yapılan gelir vergisi tevkifatlarına karşı mükellefler tarafından idari yargıda açılan davalarda, söz konusu ödemelerden gelir vergisi tevkifatı yapılmaması gerektiği yönünde kararlar verilmiş olup, bu kararlar sürekli hale gelmiştir. Konu ile ilgili olarak Danıştay Dördüncü Dairesi tarafından 1999 yılında verilen kararda[44] özetle şu hüküm verilmiştir:

"1998/Mart dönemi için ihtirazi kayıtla verilen muhtasar beyanname üzerinden, davacı şirket bünyesinde çalışan öğretmenlere ödenen eğitim öğretim tazminatı için Maliye Bakanlığı Gelirler Genel Müdürlüğü'nün 1997/4 sıra numaralı Gelir Vergisi Kanunu İç Genelgesi uyarınca gelir (stopaj) vergisi tahakkuk ettirilmiştir. ....Vergi Mahkemesi, ...günlü ve ....sayılı kararıyla sosyal yardım sayılmayan, eğitim öğretim tazminatı ödemeleri için gelir vergisi tahakkuk ettirilmesinde yasaya aykırılık bulunmadığı gerekçesiyle davanın reddine karar vermiştir. Davacı şirket 657 sayılı Yasaya göre eğitim öğretim tazminatı sosyal yardımlar kapsamında yer aldığından 1997/4 sıra numaralı Gelir Vergisi Kanunu İç Genelgesi uyarınca yapılan tahakkuk işleminin yasal olmadığını ileri sürerek kararın bozulmasının istemektedir. Uyuşmazlık, özel eğitim kurumlarında çalışan öğretmenlere ödenen eğitim öğretim tazminatının vergiye tabi olmadığı ileri sürülerek, ihtirazi kayıtla verilen 1998/Mart

(http://www.bumko.gov.tr/TR/Genel/BelgeGoster.aspx?F6E10F8892433CFFAC8287D72AD903BE21AE406D1C1546DE).

[44] Danıştay Dördüncü Dairenin 12.05.1999 tarih ve E:1998/4851, K:1999/1970 sayılı kararı.

dönemi muhtasar beyannamesi üzerinden tahakkuk ettirilen gelir vergisinin kaldırılmasına yönelik davayı reddeden mahkeme kararının bozulmasına ilişkindir.

Danıştay Dördüncü Dairesi, kanun hükümlerinin incelenmesinden eğitim öğretim tazminatının sosyal yardımlar kapsamında ek madde ile düzenlendiği ve bunların damga vergisi dışında bir vergiye tabi olmadıklarının belirtildiği ve bu durumun özel öğretim kurumlarında görev yapan öğretmenler için de kıdemlerine göre geçerli olacağının hükme bağlandığı anlaşılmaktadır. Bu durumda özel öğretim kurumlarındaki öğretmenlere ödenen ve damga vergisi dışında herhangi bir vergiye tabi tutulmaması gereken eğitim öğretim tazminatı ödemelerinden gelir vergisi tahakkuku yapılmaması gerekeceğinden aksi yönde verilen mahkeme kararında isabetsizlik görülmediğine hükmetmiştir. Bu nedenle, ...Vergi Mahkemesi'nin ....günlü ve ....sayılı kararının bozulmasına karar verilmiştir."

1997/4 seri numaralı Gelir Vergisi Kanunu İç Genelgesinin yürürlükte olduğu dönemlerde verilen bu karar, anılan genelgede yer alan hususlara karşıt niteliktedir. 1997/4 seri numaralı Genelge'de eğitim tazminatı ve öğretim yılına hazırlık ödeneğinin Gelir Vergisine tabi olduğu belirtilirken, Danıştay aksi yönde karar vermiştir. Zamanla bu kararlar sürekli hale geldiği için anılan genelge yürürlükten kaldırılmış, ihtilafa yol açan hükümlerin değiştirildiği 2003/2 seri numaralı Gelir Vergisi Kanunu İç Genelgesi uygulamaya koyulmuştur.

2003/2 sıra numaralı Gelir Vergisi Kanunu İç Genelgesi'nde yer alan düzenlemelere göre;

1- Özel öğretim kurumlarında çalışan öğretmen ve personele ödenen asli ücretler ile sosyal yardımlar dışında kalan özel hizmet tazminatı, iş güçlüğü, iş riski ve eleman temininindeki güçlük zammı, ek ders ücreti ve kira yardımlarının gelir vergisine tabi tutulması,

2- Özel öğretim kurumlarında çalışan öğretmen ve personele ödenen eğitim öğretim tazminatı ile yabancı dil tazminatı ve öğretim yılına hazırlık ödeneğinin resmi okul öğretmen ve personeline yapılan tutarı kadar kısmının gelir vergisine tabi tutulması,

3- Sosyal haklar ve yardımlar niteliğindeki 657 sayılı Devlet Memurları Kanunu'nun ilgili hükümlerine göre gelir vergisinden istisna edilerek ödenen;

- Aile ve çocuk (657 sayılı Kanun Madde 203),
- Doğum (657 sayılı Kanun Madde 207),
- Ölüm (657 sayılı Kanun Madde 208),
- Tedavi (657 sayılı Kanun Madde 209),
- Giyecek (657 sayılı Kanun Madde 211),
- Yiyecek (657 sayılı Kanun Madde 212)

yardımlarının, özel öğretim kurumlarında da ödenmesi halinde, bu ödemelerin, devletçe verilen tutarı kadar olan kısmının gelir vergisinden istisna edilmesi gerekmektedir.

Burada bir hususun daha belirtilmesinde yarar vardır. Yukarıda ifade edildiği üzere 5580 sayılı Kanunun 9/2 nci fıkrası 6528 sayılı Kanun ile yürürlükten kaldırılmıştır. Yürürlükten kaldırılan fıkrada sosyal yardım kapsamındaki ödemelerden de bahsedilmesi, sosyal yardım ödemelerinin özel okullarda yapılıp yapılmayacağını tartışılabilir hale getirmiştir. Ancak anılan maddenin 3 üncü fıkrası ve 657 sayılı Kanun hükümleri incelendiğinde özel okul öğretmen ve yöneticilerine sosyal yardım kapsamındaki ödemelerin yapılması gerektiği sonucuna ulaşılmaktadır (Gülbenk, 2015).

2.6.3. Özel Öğretim Kurumlarının Geçici Vergi Yükümlülüğü

Geçici vergi, yıl içinde belirli esaslar dahilinde, mükellefin hukuki durumuna göre gelir ya da kurumlar vergisi alınması ve alınan bu verginin hesap dönemi için hesaplanan vergiden indirilmesi esasına dayanmaktadır (Arslan, 2012, s.137). Gerçek usulde vergilendirilen ticari kazanç sahipleri ve serbest meslek erbabı ile kurumlar vergisi mükellefleri geçici vergi ödemekle yükümlü olan mükellef gruplarıdır.

Geçici vergi ile ilgili düzenlemeler Gelir Vergisi Kanunu'nun mükerrer 120'inci maddesinde yer almaktadır. Dolayısıyla Gelir Vergisi mükellefleri mükerrer 120'nci madde uyarınca, kurumlar vergisi mükellefleri ise Gelir Vergisi Kanunu'nun mükerrer 120'nci maddesi ve buna ek olarak Kurumlar Vergisi Kanunu'nun 32'nci maddeleri uyarınca geçici vergi ödemekle yükümlüdür. Geçici vergi uygulaması ile ilgili usul ve esaslar 217 seri numaralı Gelir Vergisi Genel Tebliği'nde[45], geçici verginin mahsubu ve iadesi ile ilgili düzenlemeler 252 seri numaralı Gelir Vergisi Genel Tebliği'nde[46] yer almaktadır.

Geçici vergi kapsamına girmeyen kazançlar 217 seri no'lu Gelir Vergisi Genel Tebliği'nde yer almaktadır. Buna göre, yıllara yaygın inşaat ve onarma işi yapanlar ile noter bulunmayan yerlerde Adalet Bakanlığı'nca geçici yetkili noter yardımcısı olarak görevlendirilenler, bu kazançları dolayısıyla geçici vergi ödemeyeceklerdir. Ayrıca tasfiye halindeki Kurumlar Vergisi mükellefleri tasfiye dönemlerinde geçici vergi

---

[45] 27.12.1998 tarih ve 23566 sayılı Resmi Gazete'de yayımlanmıştır.
[46] 06.04.2004 tarih ve 25425 sayılı Resmi Gazete'de yayımlanmıştır.

ödememektedir (Yaz, 2012). Özel öğretim kurumları için herhangi bir özel düzenleme yapılmadığından, özel okul işletmeleri hukuki durumlarına göre, ilgili kanun maddeleri uyarınca geçici vergi ödemek zorundadır.

Gelir Vergisi Kanunu'nun mükerrer 120'inci maddesine göre, geçici vergi dönemleri altışar aylık hesap dönemleridir. Ancak, 4444 sayılı Kanunla[47] Bakanlar Kurulu'na geçici vergi dönemlerini altı aydan üç aya indirme yetkisi verilmiştir. Bakanlar Kurulu bu yetkisini kullanmış ve 1 Temmuz 2000 tarihinden itibaren geçerli olmak üzere geçici vergi dönemleri 3 aya indirilmiştir[48] (Arıoğlu, 2000, s. 13). Sonuç olarak, geçici vergi ilgili hesap döneminin üç aylık dönemleri itibariyle beyan edilecektir. Yani bir hesap dönemiyle ilgili olarak dört ayrı geçici vergi dönemi söz konusudur. Hesap dönemi takvim yılı olan mükellefler için geçici vergi dönemleri;

- Birinci Dönem: Ocak-Şubat-Mart
- İkinci Dönem: Nisan-Mayıs-Haziran
- Üçüncü Dönem: Temmuz-Ağustos-Eylül
- Dördüncü Dönem: Ekim-Kasım-Aralık şeklinde olacaktır.

Ancak, özel öğretim kurumlarında özel hesap dönemi uygulanmaktadır. 217 seri numaralı Gelir Vergisi Genel Tebliğine göre; geçici vergi dönemleri, hesap dönemi takvim yılı olanlar ile kendilerine özel hesap dönemi tayin edilenler bakımından farklılıklar göstermektedir. Özel okullarda hesap dönemi genellikle 1 Temmuz–30 Haziran arasıdır ve bu durumda geçici vergi dönemleri aşağıda belirtildiği şekildedir:

---

[47] 11.08.1999 tarih ve 23786 sayılı Resmi Gazete'de yayımlanmıştır.

[48] 25.04.2000 tarih ve 24030 sayılı Resmi gazete'de yayımlanan 2000/329 sayılı Kararname eki kararda yer almaktadır. Anılan kararnamede geçici vergi dönemleri için belirlenen 3 aylık sürelerin 31.12.2000 tarihine kadar uygulanacağı belirtilmiştir. Bakanlar Kurulu'nun 2000/1514 sayılı kararı ile de 01.01.2001 tarihinden geçerli olmak üzere geçici vergi dönemlerinin üçer aylık süreler olduğu yeniden belirlenmiştir.

- Birinci Dönem: Temmuz-Ağustos-Eylül
- İkinci Dönem: Ekim-Kasım-Aralık
- Üçüncü Dönem: Ocak-Şubat-Mart
- Dördüncü Dönem: Nisan-Mayıs-Haziran

Geçici vergiye esas kazancın belirlenmesinde gelir vergisi mükellefi olan özel öğretim kurumları ticari kazancın tespitine ilişkin olarak Gelir Vergisi Kanunu'nda yer alan hükümlere uymak zorundadır. Kurumlar Vergisi mükellefleri ise Gelir Vergisi Kanunu'nun ticari kazanç hükümlerinin yanı sıra safi kurum kazancının tespitine ilişkin olarak Kurumlar Vergisi Kanunu'nda yer alan hükümleri de dikkate alacaklardır. başka bir ifadeyle, öteden beri hesap dönemi sonunda yapılan işlem ve değerlemeler geçici vergi dönemi sonu itibariyle de yapılacaktır (Ürel, 2009, s. 733). Ayrıca mükellefler, geçici vergiye ilişkin kazancın hesaplanmasında dönemsellik esasına uymak zorundadırlar.

Vergi mükellefleri geçici vergiye tabi kazancın tespitinde, söz konusu kazançları yıllık beyan etmeleri halinde yararlanabilecekleri tüm istisna ve indirimlerden yararlanabileceklerdir. Gelir ve kurumlar vergisi matrahının tespitinde indirimi mümkün bulunan geçmiş yıl zararları, geçici vergi matrahının tespitinde de dikkate alınabilecektir.

Yukarıda belirtildiği üzere geçici veri dönemleri, hesap döneminde yer alan üçer aylık zaman dilimleridir. Hesaplanan geçici verginin, ilgili olduğu üç aylık dönemi izleyen ikinci ayın 14'üncü günü akşamına kadar geçici vergi beyannamesi ile beyan edilmesi ve aynı ayın 17'nci günü akşamına kadar ödenmesi gerekmektedir. Örneğin X Eğitim Kurumu Temmuz-Ağustos-Eylül aylarını kapsayan birinci döneme ait geçici vergisini kasım ayının

14'üncü günü akşamına kadar beyan edecek ve 17'nci günü akşamına kadar ödeyecektir.

Geçici vergide mahsup ve ödemenin 3 boyutu bulunmaktadır (Ürel, 2009, s.742).

- Tevkif suretiyle ödenene verginin geçici vergiden mahsubu,
- Önceki dönemlerde beyan edilen geçici verginin sonraki döneme ilişkin olarak hesaplanan geçici ergiden mahsubu,
- Yıl içinde ödenen geçici verginin beyanname üzerinde hesaplanan gelir veya kurumlar vergisinden mahsubu veya duruma göre iadesi.

Mükerrer vergilendirilmenin önlenmesi için yıl içinde kesinti suretiyle ödenen verginin geçici vergiden indirilmesi mümkündür. Bu husus GVK'nın mükerrer 120'nci maddesinde hüküm altına alınmıştır. Ayrıca mükellefler daha önce beyan ettikleri geçici vergiyi sonraki döneme ait geçici vergiden mahsup edeceklerdir. Kurumlar Vergisi Kanunu 32'nci maddesi ve Gelir Vergisi Kanunu mükerrer 120'nci maddesine göre hesaplanıp ödenen geçici vergi, ilgili vergilendirme dönemi için hesaplanacak gelir ya da kurumlar vergisinden mahsup edilir. Geçici verginin yıllık beyanname ile beyan edilen vergiden mahsup edilebilmesi için ödenmiş olması gerekmektedir. Geçici vergi dönemleri itibariyle tahakkuk ettirilmiş ancak ödenmemiş bulunan geçici verginin yıllık beyanname üzerinden hesaplanan gelir veya kurumlar vergisinden mahsup edilmesi mümkün değildir.

Tahakkuk ettirilmiş ancak ödenmemiş olması dolayısıyla yıllık beyanname üzerinden hesaplanan vergiden mahsup imkanı bulunmayan geçici vergi tutarları terkin edilir. Terkin edilen geçici vergi tutarı için vade tarihinden terkin edilmesi gereken tarih olan yıllık beyannamenin verilmesi gereken kanuni sirenin başlangıç tarihine kadar gecikme zammı uygulanır.

Gelir Vergisi Kanunu'nun mükerrer 120'nci maddesine göre, geçici verginin %10'u aşan oranda eksik beyan edildiğinin tespit edilmesi halinde %10'u aşan kısım re'sen veya ikmalen tarhiyata konu olacaktır.

Bilanço esasında defter tutan özel okul işletmeleri verecekleri geçici vergi beyannamesine, geçici verginin ilgili olduğu dönem sonu itibariyle çıkaracakları gelir tablosunu ekleyeceklerdir. Söz konusu gelir tablosu, dönem sonu işlemler kayıtlarda gösterilmeksizin geçici vergi döneminin son günü itibariyle çıkarılacak mizandan hareketle düzenleyebileceklerdir. Bu durumda, dönem sonunda yapılacak işlemlere ilişkin olarak yasal defter kayıtları dışında yapılan hesaplamalar ve mizan, istenildiğinde ibraz edilmek üzere muhafaza edilecektir. İşletme defteri tutan özel öğretim kurumları ise, geçici vergi beyannamelerine, beyannamenin ilgili olduğu dönemin son günü itibariyle çıkaracakları işletme hesabı özetini ekleyeceklerdir.

III. BÖLÜM

ÖZEL ÖĞRETİM KURUMLARINDA MUHASEBE VE VERGİLENDİRME SİSTEMİ İLE İLGİLİ UYGULAMA

3.1. UYGULAMA İLGİLİ GENEL BİLGİLER

Özel öğretim, önemi her geçen gün daha fazla anlaşılan bir konudur. Dolayısıyla devlet, özel öğretim kurumlarını yaygınlaştırmak, özel okul ve bu okullara devam eden öğrenci sayılarını artırmak için, geçmişten günümüze kadar yaptığı teşviklerle, özel okullara yönelik, özellikle, özel okulların vergilendirilmesi konusunda farklı uygulamalar getirmiştir.

Çalışmamızın üçüncü bölümü kapsamında, Kayseri'de faaliyet gösteren bir özel öğretim kurumunun muhasebe uygulamalarına yer verilmiştir. Çalışmanın ilerleyen bölümlerinde uygulama yapılan özel öğretim kurumunun adı "X Özel Okulları" olarak kullanılacaktır.

3.1.1. X Özel Okullarının Tanıtımı

X Özel okulları 1966 yılında kurulmuştur ve o tarihten beri Kayseri'de hizmet vermektedir. X Özel Okulları bünyesinde, anasınıfı, ilköğretim ve ortaöğretim okulları faaliyet göstermektedir.

X Özel Okulları 150 öğretmen ve idari personel ile hizmet vermekte olup toplam 1400 öğrenci öğrenim görmektedir.

X Özel Okulları vakıfa bağlı iktisadi işletme statüsündedir ve kurumlar vergisi mükellefi olup özel hesap dönemi kullanmaktadır. Hesap dönemi 1 Temmuz tarihinde başlamakta ve 30 Haziran tarihinde sona ermektedir.

3.1.2. Uygulamanın Amacı

Bu uygulamanın amacı, özel okullarda verilen eğitim öğretim hizmetinin muhasebeleştirilmesi konusunda özellikli noktaların açıklanması, özel öğretimin muhasebeleştirilmesi ve vergilendirilmesine yönelik işlemlerin X Özel Okulları bünyesinde ele alınarak değerlendirilmesidir.

3.1.3. Uygulamanın Kapsamı Ve Sınırları

X Özel Okulları bünyesinde, anasınıfı, ilköğretim ve ortaöğretim kurumları faaliyet göstermektedir. Ancak çalışmamamız sadece ilköğretim ve ortaöğretim okullarında uygulanan muhasebe ve vergilendirme işlemleri ile sınırlandırılmıştır. Anasınıfına yönelik uygulamalar çalışmanın kapsamı dışında bırakılmıştır. Ancak yapılan genel açıklamalarda anasınıfına yönelik bilgiler de mevcuttur.

Uygulama açısından bir başka sınır noktası, Gelir Vergisi Kanunu ve Kurumlar Vergisi Kanunu'nda yer alan özel öğretim kurumları istisnasıdır. Çünkü anılan istisna hükmü 2004 yılından itibaren faaliyete geçen özel okullar için geçerlidir. Fakat uygulamamamız kapsamında bulunan X Özel Okulları, 2004 yılından önce faaliyete geçmiştir ve bu nedenle istisna kapsamı dışındadır. Dolayısıyla uygulamaya getirilen bu sınırlama uygulama yaptığımız kurumdan kaynaklanmaktadır.

Uygulama kapsamında X Özel Okullarında, eğitim öğretim hizmetine yönelik muhasebe işlemleri, okuldan alınan örnek kayıtlar ile açıklanmıştır.

Özel okullar hizmet işletmeleridir. Uygulama kapsamında hizmet işletmelerine yönelik genel işlemlere ve özel okullara özgü olan konulara, yevmiye kayıtları kullanılarak yer verilecek ve gerekli açıklamalar yapılacaktır.

3.1.4. Uygulanan Yöntem

Uygulama üç bölümde ele alınacaktır. Bunlar;

- Dönem Başı İşlemleri
- Dönem İçi İşlemleri
- Dönem Sonu Envanter İşlemleri'dir.

Uygulamanın birinci bölümünde, özel okullarda eğitim öğretim dönemi başka bir ifadeyle hizmet ifası başlamadan yapılan ilk işlem olan öğrenci kayıtlarına yer verilecektir.

İkinci bölümde, hesap dönemi içinde yapılan diğer muhasebe işlemleri anlatılacak, özel okullar açısından özellikli olan konular, X Özel Okullarından alınan örnek kayıtlar ve bilgiler ile ilgili kanun maddeleri çerçevesinde ele alınacaktır.

Üçüncü bölümde, X Özel Okullarının dönem sonu işlemleri, örnek yevmiye ve büyük defter kayıtları yardımıyla açıklanacak ve örnek gelir tablosu hazırlanacaktır.

3.2. X ÖZEL OKULLARINDA MUHASEBE İŞLEMLERİ

Çalışma kapsamında uygulanan yöntem gereği X Özel Okullarındaki muhasebe işlemleri 3 bölüme ayrılmıştır.

3.2.1. Dönem Başı İşlemleri

Bu bölümde eğitim öğretim hizmetinin ilk aşaması olan öğrenci kayıtlarına ve ön kayıt uygulamalarına yer verilecektir.

3.2.1.1. Öğrenci Kayıtları

X Özel Okulları bünyesinde, 5 yaş altı öğrencilerin kayıt edildiği ana hazırlık sınıfı, ana sınıfı, ilköğretim ve ortaöğretim okulları faaliyet göstermektedir. Ancak, daha önce de belirtildiği üzere, çalışma kapsamına özel ilköğretim ve ortaöğretim okulları dahildir. Dolayısıyla öğrenci kayıtları ve yapılacak muhasebe işlemleri ilköğretim ve ortaöğretim okulları çerçevesinde anlatılacaktır.

Özel okullarda kayıtların ilk adımı ön kayıt alınmasıdır. Ön kayıt zamanlarında öğrencilerden kayıt ücreti tahsil edilmektedir. Bu uygulama sadece anasınıfı ve ilköğretim birinci sınıfa kayıt yaptıracak öğrenciler için geçerlidir. Ara sınıfa devam eden öğrenciler ile ortaöğretime yeni kaydolacak öğrenciler için bu işleme gerek bulunmamaktadır. Ara sınıflarda bulunan öğrencilerin kayıt yenileme süresi içinde başvurarak kayıtlarını yenilemeleri yeterli olacaktır. Ana sınıfları tezin kapsamı dışında olduğu için burada sadece ilköğretim birinci sınıfların ön kayıt süreci hakkında bilgi verilecektir. X Özel okullarında ön kayıt süreleri 1 Mart-31 Mayıs tarihleri arasındadır[49].

X Özel Okullarının lise kısmına öğrenciler, Seviye Belirleme Sınavı (SBS) sonuçlarına göre kayıt olabilmektedir. Ayrıca, il geneli başarı sıralamasında belirli bir dilime giren öğrenciler çeşitli oranlarda başarı burslusu olarak kayıt yaptırabilmektedir.

Ön kayıt yaptıran öğrencilerden peşinat alınmaktadır ve bu peşinat "340 Alınan Avanslar" hesabında takip edilmektedir. Alınan avanslar hesabı kurum bünyesinde bulunan okullar bazında alt hesaplara ayrılmaktadır. Uygulamamızda Alınan Avanslar hesabı için, "340.01 İlköğretim Öğrenci

---

[49] Bu tarihler yıllar itibariyle değişebilmektedir.

Avansları" ve "340.02 Ortaöğretim Öğrenci Avansları" şeklinde iki farklı alt hesap kullanılacaktır.

➢ 25.03.2011 tarihinde gerçekleştirilen ön kayıt için yapılacak muhasebe kaydı şu şekilde olacaktır (ön kayıt ücreti 500 TL'dir):

25.03.2011		
108 Diğer Hazır Değerler	500	
340 Alınan Avanslar		500
/		

Tahsil edilen ücretler "108 Diğer Hazır Değerler" hesabında takip edilmektedir. Bunun nedeni ücret ödemelerinin kredi kartı aracılıyla yapılmasıdır.

X Özel Okullarında hesap dönemi 1 Temmuzda başlamakta ve 30 Haziranda sona ermektedir. Dolayısıyla yapılan bu kayıt bir önceki döneme aittir ve yeni hesap döneminde "120 Alıcılar" hesabı kullanılarak kapatılmaktadır. "120 Alıcılar" hesabı 1 Temmuz'da açılmakta ve bu tarih itibariyle kullanılmaya başlamaktadır. Daha önce tahsil edilen ücretler "340 Alınan Avanslar" hesabına kaydedilmektedir.

Alıcılar hesabı için öğrenciler bazında alt hesaplar kullanılmaktadır. Başka bir ifadeyle her öğrenci için bir alt hesap açılmakta ve öğrencilere ait işlemler ayrı ayrı izlenmektedir. Örneğin, "120.01.04 Öğrenci A", "120.02.08 Öğrenci B" gibi. Burada "120.01" hesap grubu ilköğretim okuluna, "120.02" hesap grubu ortaöğretim okuluna aittir.

Yeni hesap döneminin başlamasıyla 120 Alıcılar hesabı açılır ve karşılığında "380 Gelecek Aylara Ait Gelirler" hesabı alacaklandırılır. Ayrıca "340 Alınan Avanslar" hesabı 120 Alıcılar hesabı kullanılarak ters kayıtla kapatılır.

➢ Eğitim ücretinin 10.000 TL olması durumunda, Mart ayında ön kayıt yaptıran öğrenci için 1 Temmuz'da şu kayıt yapılacaktır:

01.07.2011		
120 Alıcılar 120.01.04 Öğrenci A	10.000	
380 Gelecek Aylara Ait Gelirler		10.000
/		

01.07.2011		
340 Alınan Avanslar	500	
120 Alıcılar 120.01.04 Öğrenci A		500
/		

Ortaöğretim öğrencileri için ön kayıt söz konusu değildir. Ancak, yeni kayıt olmak isteyen ya da ara sınıflarda okuyan öğrenciler için Haziran ayında peşinat alınması mümkündür. Bu durumda hesap dönemi kapanmadığı için yapılan tahsilat yine "340 Alınan Avanslar" hesabında izlenmektedir.

➢ 2010-2011 eğitim öğretim yılında 9. Sınıfta olup, bir sonraki öğretim yılında da X Özel Okullarına devam etmek isteyen öğrenci K için 20 Haziran 2011 tarihinde eğitim ücretine istinaden 1000 TL tahsil edilmiştir. Bu durumda yapılacak kayıt şu şekilde olacaktır:

20.06.2011		
108 Diğer Hazır Değerler	1.000	
340 Alınan Avanslar		1.000
/		

1 Temmuz 2011 yapılacak kayıt ise;

01.07.2011		
340 Alınan Avanslar	1.000	
120 Alıcılar		1.000
120.02.16 Öğrenci K		
/		

01.07.2011		
120 Alıcılar	10.000	
120.02.16 Öğrenci K		
380 Gelecek Aylara Ait Gelirler		10.000
/		

X Özel Okullarında, eğitim ücretini taksitler halinde ödemek isteyen veliler için değişik ödeme planları hazırlanır ve hesap dönemi başında ilan edilir. Ancak en fazla 10 taksit yapılmaktadır. Tahsilata temmuz ayında başlanmakta ve ödemenin vadesine göre değişen tarihlerde tahsilat yapılmaktadır.

➢ Öğrenci A için eğitim öğretim ücretinin 5 taksitte ödenmesi kararlaştırılmıştır ve ilk taksit 23 Temmuzda tahsil edilmiştir.

23.07.2011		
108 Diğer Hazır Değerler	1.900	
120 Alıcılar		1.900
120.01.04 Öğrenci A		
9500/5=1900		
/		

X Özel Okullarında, öğrencilerin bazı özellikli durumları göz önüne alınarak eğitim öğretim ücretlerinde belirli oranlarda indirim uygulanmaktadır. Burada sözü edilen indirimler, ücretsiz ya da burslu öğrenci okutulmasından farklı bir konudur. Çünkü burada bahsedilecek indirimler, öğrencinin maddi durumundan ya da başarısından bağımsızdır, uygulanan indirim satış indirimidir. Ayrıca, ücretsiz ya da burslu öğrenci okutulması durumunda yapılan kayıtlar ile eğitim ücretlerine satış iskontosu uygulanması halinde yapılan kayıtlar birbirinden farklıdır ve ayrı ayrı hesaplarda izlenmektedir. Burslu veya ücretsiz okutulacak öğrencilere ait kayıtlar ve açıklamalara çalışmanın ilerleyen bölümlerinde yer verilecektir.

X Özel Okullarında; erken kayıt yaptırılması, eğitim ücretinin peşin ödenmesi, iki ya da daha fazla kardeşin aynı okulda öğrenim görmesi, öğrenci velisinin de aynı okulda öğrenim görmüş olması, öğrencinin devamlı olarak, hem ilköğretimde hem de ortaöğretimde bu okullarda okuması, okul personelinin çocukları olması hallerinde, değişen oranlarda satış indirimi uygulanmaktadır.

Eğitim öğretim ücretlerine uygulanan bu indirimler "611 Satış İskontoları" hesabında takip edilmektedir. 611 Satış İskontoları hesabı, X Özel Okulları bünyesinde bulunan okullar esas alınarak alt hesaplara ayrılmaktadır, bu sayede her bir okul düzeyinde yapılan indirimler ayrı ayrı izlenebilmektedir. 611 numaralı hesaba ait alt hesaplar;

"611.00.01 Ana Hazırlık Satış İskontoları

611.00.02 Ana Sınıfı Satış İskontoları

611.00.03 İlköğretim Satış İskontoları

611.00.04 Ortaöğretim Satış İskontoları" şeklindedir.

➢ Öğrenci A için %10 erken kayıt indirimi yapılmıştır. X Özel Okulları ile öğrenci velisi arasında yapılan anlaşma gereği, Öğrenci A'ya ait eğitim ücretinin 5 taksitte ödenmesi gerekmektedir.

Yıllık Eğitim Ücreti	10.000
İndirim Tutarı (10.000*%10)	1.000
Ödenecek Ücret	9.000

Aylık Taksit Tutarı= 9.000*1/5

= 1.800 TL

Tahsilat Kaydı;

108 Diğer Hazır Değerler	1.800	
120 Alıcılar		1.800

Katma Değer Vergisi Kanunu'na göre, eğitim öğretim ücretine dair faturanın aylık olarak düzenlenmesi gerekir. Fatura düzenlemek, tahsilata bağlı değildir. X Özel Okullarında eğitim öğretim ücreti tahsilatı temmuz ayında başlamakla birlikte faturalar Eylül ayından başlayarak düzenlenmektedir. Çünkü hizmet ifası, eylül ayı itibariyle başlamaktadır. Eğitim öğretim yılı içerisinde, 10 ay boyunca öğrenciler adına fatura düzenlenecektir. Dolayısıyla, öğrenci velileri tarafından ödenen aylık taksit miktarı ile düzenlenen faturalarda yer alan tutarlar, aynı olmak zorunda değildir.

Yukarıda sözü edilen öğrenci için 25 Eylül 2011'de fatura düzenlendiğini düşünürsek yapılacak kayıt şu şekilde olacaktır;

(9.000/10=1.000 TL üzerinden fatura düzenlenecektir.)

380 Gelecek Aylara Ait Gelirler	900		
611 Satış İskontoları	100		
611.00.03 İlköğretim Satış İskontoları			
600 Yurt İçi Satışlar		944	
391 Hesaplanan KDV		66	

X Özel kullarına ait muhasebe kayıtlarında, "611 Satış İskontoları" hesabı fatura düzenleme tarihinde kullanılmaya başlamaktadır. Yukarıdaki kayıtta görüldüğü üzere, 600 Yurt İçi Satışlar Hesabı ile 611 Satış İskontoları Hesabı karşılıklı açılmaktadır. Ancak uygulamada genellikle 611 Satış İskontoları Hesabı ile 120 Alıcılar Hesabı karşılıklı açılmakta, daha sonra 120 numaralı hesap ile 600 Satışlar Hesabı karşılıklı olarak kapatılmaktadır.

X Özel Okullarının kullandığı yöntemde 120 Alıcılar Hesabı ile 611 numaralı hesap karşılıklı çalıştırılmamaktadır. Böylece 120 Alıcılar hesabının açılıp, sonra tekrar 600 Satışlar Hesabından mahsup edilmesi gereği ortadan kalkmış olmaktadır. Ancak bu şekilde kaydedilmesi uygulamada çok kullanılan bir yöntem değildir.

X Özel Okullarında uygulanan yöntem ile genelde uygulanan yöntem kayıtlar üzerinde şu şekilde gösterilebilir:

X Özel Okulları Uygulaması:

120 Alıcılar	XXX	
611 Satış İskontoları	XX	
600 Yurt İçi Satışlar		XXX
391 Hesaplanan KDV		XX

Genel Uygulama:

120 Alıcılar	XXX	
600 Yurt İçi Satışlar		XXX
391 Hesaplanan KDV		XX

611 Satış İskontoları	XXX	
120 Alıcılar		XXX

X Özel Okullarında uygulanan yöntemde, 120 Alıcılar hesabı dönem başında açılırken satış indirimleri göz önüne alınmakta ve ilk kayıt, indirim düşüldükten sonra yapılmaktadır. Böylece "Satış İndirimleri" hesabı ile "Alıcılar" hesabının karşılıklı kullanılmasına gerek kalmamaktadır.

3.2.2. Dönem İçi İşlemleri

3.2.2.1. Şüpheli Ticari Alacaklar

Vergi Usul Kanunu'nun 323'üncü maddesine göre; *"Ticari ve zirai kazancın elde edilmesi ve idame ettirilmesiyle ilgili olmak şartıyla;*

1- Dava ve icra safhasında bulunan alacaklar,

2- Yapılan protestoya veya yazı ile bir defadan fazla istenilmesine rağmen borçlu tarafından ödenmemiş bulunan dava ve icra takibine değmeyecek derecede küçük alacaklar şüpheli alacak sayılır."

X Özel Okullarında, öğrenim ücretlerini zamanında ödemeyen öğrenciler için şüpheli ticari alacak ayrılmaktadır. VUK'un 323'üncü maddesinde belirtildiği üzere, işletmenin alacağına karşılık ayırabilmesi için dava ve icra safhasında bulunması gerekmektedir. Bu nedenle, öğrenci velilerine borçlarını ödemeleri konusunda belirli bir süre tanınmakta ve buna rağmen tahsil edilmeyen alacaklar için hukuki sürecin tamamlanmasıyla, karşılık ayrılmaktadır.

- İlköğretim öğrencisi A'ya ait, 2000 TL tutarındaki okul taksiti için 20.11.2011 tarihinde karşılık ayrılmıştır. Bu durumda yapılacak kayıt:

20.11.2011		
128 Şüpheli Ticari Alacaklar	2.000	
120 Alıcılar 120.01.04 Öğrenci A		2.000
/		

20.11.2011		
654 Karşılık Giderleri	2.000	
129 Şüpheli Ticari Alacaklar Karşılığı		2.000
/		

➢ 20.11.2011 tarihinde karşılık ayrılan öğrenci ücreti 05.02.2012 tarihinde tahsil edilmiştir.

05.02.2012		
108 Diğer Hazır Değerler	2.000	
128 Şüpheli Ticari alacaklar		2.000
/		

05.02.2012		
129 Şüpheli Ticari Alacaklar Karşılığı	2.000	
644 Konusu Kalmayan Karşılıklar		2.000
/		

20.11.2011 tarihi itibariyle karşılık ayrılan 2.000 TL tutarındaki alacak 2 Temmuz 2012'de (yeni hesap döneminde) tahsil edilseydi şu şekilde kayıt yapılırdı:

02.07.2012		
108 Diğer Hazır Değerler	2.000	
128 Şüpheli Ticari alacaklar		2.000
/		

05.02.2012		
129 Şüpheli Ticari Alacaklar Karşılığı	2.000	
671 Önceki Dönem Gelir ve Karları		2.000
/		

X Özel Okullarında, karşılık hesapları sadece şüpheli ticari alacaklar için kullanılmaktadır. Şüpheli ticari alacaklar dışında, karşılık hesabı kullanılabilecek bir durum söz konusu değildir.

3.2.2.2. Geçici Vergi

Kurumlar Vergisi mükellefleri Gelir Vergisi Kanunu'nun mükerrer 120'nci ve Kurumlar Vergisi Kanunu'nun 32'nci maddeleri uyarınca geçici vergi ödemekle yükümlüdür. Geçici vergi dönemleri takvim yılının üçer aylık dilimleridir. Özel hesap dönemi kullanan mükelleflerin geçici vergi dönemleri, hesap dönemine göre değişim göstermektedir.

X Özel Okulları Kurumlar Vergisi mükellefi olup, üç ayda bir, geçici vergi beyan etmekte ve ödemektedir. Geçici vergi dönemleri, beyan ve ödeme zamanları şu şekildedir:

Vergilendirme Dönemleri	Beyan Zamanı	Ödeme Zamanı
I. Dönem: Temmuz-Ağustos-Eylül	14 Kasım	17 Kasım
II. Dönem: Ekim-Kasım-Aralık	14 Şubat	17 Şubat
III. Dönem: Ocak-Şubat-Mart	14 Mayıs	17 Mayıs
IV. Dönem: Nisan-Mayıs-Haziran	14 Ağustos	17 Ağustos

Uygulamada geçici vergi matrahının hesaplanması konusunda farklı yöntemler uygulanmaktadır. X Özel Okulları geçici vergi matrahını hesaplarken, geçici mizan çıkarmakta, bu mizandan hareketle de gelir tablosu çıkarmaktadır. Belirli bir dönemi kapsayan bu gelir tablosuna göre, ticari kar hesaplanmakta ve bu kara, kanunen kabul edilmeyen giderlerin eklenmesiyle geçici vergi matrahına ulaşılmaktadır. Ayrıca, daha önceki dönemlerde ödenen geçici vergiler, ilgili dönemde ödenecek vergiden mahsup edilmektedir. X Özel Okulları'nda yapılan muhasebe işlemlerine göre, geçici vergi dönemi sonlarında, yansıtma hesaplarının kullanılması, gelir ve gider hesaplarının kapatılması söz konusu olmamaktadır. Ancak literatürde farklı uygulamalar yer almaktadır ve X Özel Okullarının kullandığı yöntem çok yaygın değildir.

Ödenecek geçici vergi "193 Peşin Ödenen Vergi ve Fonlar" hesabında muhasebeleştirilmektedir. İşletmeye yapılan ödemelerden Gelir Vergisi Kanunu'nun 94'üncü maddesi gereğince yapılan vergi ve fon kesintileri de "193 Peşin Ödenen Vergi ve Fonlar" hesabında izlenmektedir. Dönem sonunda, peşin ödenen ve 193 numaralı hesapta biriken stopaj, ödenecek geçici vergiden mahsup edilecektir. Dolayısıyla "193 Peşin Ödenen Vergi ve Fonlar" hesabına ait alt hesaplar:

"193.00.01 Geçici Vergi

193.00.02 Peşin Ödenen Mevduat Gelir Vergisi" şeklindedir.

- X Özel Okulları'nda 01.01.2011-30.03.2011 (3. Dönem) dönemine ait bilanço karı 500.000 TL'dir. Bu döneme ait 50.000 TL kanunen kabul edilmeyen gideri bulunmaktadır. Önceki dönemlerde ödenen geçici vergi tutarı 30.000 TL'dir ve dönem içinde kesinti yoluyla ödenen vergiler 20.000 TL tutarındadır. Bu durumda ödenecek geçici vergi tutarı ve yapılacak muhasebe kayıtları aşağıdaki gibidir:

Geçici verginin hesaplanması;

Üç Aylık Ticari Bilanço Karı	500.000 TL
Kanunen Kabul Edilmeyen Gider	50.000 TL
Geçici Vergi Matrahı	550.000 TL
Hesaplanan Geçici Vergi	110.000 TL

(550.000*%20)

Önceki Dönemlerde Hesaplanan Geçici Vergi (-)	30.000 TL
Mahsup Edilecek Kesinti Yoluyla Ödenen Stopaj (-)	20.000 TL
Ödenecek Geçici Vergi	60.000 TL

Ödenecek geçici vergi tutarı hesaplandıktan sonra muhasebeleştirilmesi açısından yapılacak ilk işlem, geçici vergi tahakkuk kaydının yapılmasıdır. X Özel Okullarında tahakkuk kaydı, beyan dönemi itibariyle yapılmaktadır. Geçici vergiye ilişkin karşılık ayrılması ve "371 Dönem Karının Peşin Ödenen Vergi ve Diğer Yükümlülükleri" hesabının kullanılması hesap dönemi sonunda gerçekleştirilmektedir. Geçici vergi dönemleri sonunda 370 ve 371 numaralı hesaplara kayıt yapılması söz konusu değildir.

Geçici Vergi Tahakkuk Kaydı;

14.05.2011		
193 Peşin Ödenen Vergi ve Fonlar	60.000	
193.00.01 Geçici Vergi		
360 Ödenecek Vergi ve Fonlar		60.000
/		

Geçici Verginin Ödenmesi;

17.05.2011		
360 Ödenecek Vergi ve Fonlar	90.000	
102 Bankalar		90.000
/		

İlk üç döneme ait geçici vergilerin tahakkuk ve ödeme kayıtları bu şekilde yapılacaktır.

Dönem içinde, işletmeye yapılan ödemelerden yapılan vergi ve fon kesintilerinin de 193 numaralı hesapta izlendiğinden yukarıda bahsedilmiştir. Dolayısıyla, X Özel Okulları, banka hesaplarına işlenen faizler için yapılan stopaj gelir vergisi kesintisini 193 numaralı hesaba kaydetmektedir.

- X Özel Okulları'nın A Bankasında bulunan mevduat hesabına 6.000 TL faiz geliri eklenmiştir. Stopaj oranının % 15 olduğu düşünülürse yapılacak muhasebe kaydı;

102 Bankalar	5.100	
193 Peşin Ödenen Vergi ve Fonlar	900	
193.00.02 Peşin Ödenen Mevduat G.V.		
102 Bankalar		6.000

3.2.2.3. Amortismanlar

Amortisman konusu, VUK'un 313-321'inci maddeleri arasında düzenlenmiştir. Ayrıca TMS:16-Maddi Duran Varlık Standardı'nda da amortisman ile ilgili açıklamalar yer almaktadır.

VUK'un 313'üncü maddesine göre; *"İşletmede bir yıldan fazla kullanılan ve yıpranmaya, aşınmaya veya kıymetten düşmeye maruz bulunan gayrimenkullerle 269'uncu madde gereğince gayrimenkul gibi değerlenen iktisadi kıymetlerin, alet, edevat, mefruşat, demirbaş ve sinema filmlerinin değerleme esaslarına göre tespit edilen değerlerinin bu Kanun hükümlerine göre yok edilmesi amortisman konusunu teşkil eder."* Değeri 2012 yılı için 770 TL'yi aşmayan alet, edevat, mefruşat ve demirbaşlar amortismana tabi tutulmayarak doğrudan gider yazılabilir.

Bir varlığa amortisman uygulanabilmesi için; o varlığın işletmede bir yıldan fazla kullanılması, yıpranmaya, aşınmaya, değer düşüklüğüne maruz kalması ve işletmenin envanterine dahil olması gerekmektedir.

Amortisman süresi, kıymetlerin işletmenin aktifine girdiği yıldan başlar. Amortismanın herhangi bir yıl ayrılmamasından veya eksik ayrılmasından dolayı amortisman süresi uzatılamaz veya ilave amortisman hesaplanamaz.

Amortisman Yöntemleri: Vergi Usul Kanunu'nda yer alan amortisman yöntemleri şunlardır:

- Normal Amortisman Yöntemi (VUK Md. 315)
- Azalan Bakiyeler Usulüyle Amortisman Yöntemi (VUK Mük.Md. 315)
- Fevkalade Amortisman Yöntemi (VUK Md. 317)

İşletmeler, normal ve azalan bakiyeler usulünden sadece birini seçebilirler. Normal amortisman usulünü seçenler, bu yöntemden dönemezler ancak, azalan bakiyeler usulünden normal amortisman usulüne geçiş mümkündür.

X Özel Okulları'nda yıpranmaya tabi iktisadi kıymetler için normal amortisman yöntemi kullanılmaktadır.

X Özel Okulları'nda demirbaşlar sınıflandırmaya tabi tutulmuştur ve "257 Birikmiş Amortismanlar Hesabı" bu sınıflandırmaya dayanarak alt hesaplara ayrılmaktadır. Demirbaşlar için geçerli gruplandırma ve örneklerde kullanılacak alt hesaplar numaralarıyla birlikte aşağıdaki gibidir:

257.00.01 Büro Demirbaşları,

257.00.02 Ders Demirbaşları,

257.00.03 Okul Demirbaşları,

257.00.04 Yemekhane Demirbaşları,

251.00.05 Kantin Demirbaşları.

X Özel Okulları'nda amortisman kayıtları 6 aylık dönemler itibariyle yapılmaktadır. Okulda, özel hesap dönemi kullanıldığı için, amortisman hesaplarının biri 31.12 tarihinde, ikincisi 30.06 tarihinde yapılmaktadır.

➢ Faydalı ömrü 5 yıl, değeri 10.000 TL olan ve okul demirbaşları kapsamında değerlendirilen yazılım programına ait 2010-2011 eğitim yılı içinde yapılacak amortisman kaydı;

10.000*%20= 2.000 TL

31.12.2010		
770 Genel Yönetim Giderleri	1.000	
257 Birikmiş Amortismanlar		1.000
257.00.03 Okul Demirbaşları		
/		

30.06.2011		
770 Genel Yönetim Giderleri	1.000	
257 Birikmiş Amortismanlar		1.000
257.00.03 Okul Demirbaşları		
/		

3.2.2.4. Yapılan Yatırımlar Ve Özel Maliyetler

264 Özel Maliyetler Hesabı, kiralanan gayrimenkullerin geliştirilmesi veya ekonomik değerinin sürekli olarak artırılması amacıyla yapılan giderler ile (normal bakım, onarım ve temizleme giderleri hariç) bu gayrimenkulün kullanılması için yapılıp, kira süresinin sonunda mal sahibine bırakılacak olan, varlıkların bedellerini kapsar.

- Kiralanan bir gayrimenkulün yararlı olma boyutlarını genişleten ya da yararlı olma süresini artıran nitelikteki işlemlerin gerektirdiği harcamalar,

- Kiralanan bir gayrimenkulde işletme faaliyetlerinin yürütülmesi için yapılan, kira sözleşmesine göre gayrimenkul sahibine kalacak olan düzenlemelerin gerektirdiği harcamalar,

- Kiralanan bir gayrimenkulde işletme faaliyetlerinin yürütülmesi için yapılan ancak kira süresinin sonunda sökülmesi halinde bir değer taşımayacak düzenlemelerin gerektirdiği harcamalar,

özel maliyet gideri olarak muhasebeleştirilir (Akdoğan ve Sevilengül, 2007, s. 357-358).

X Özel Okulları bulundukları arsayı uzun süreliğine kiralamıştır. Dolayısıyla yaptığı yatırım harcamalarını "264 Özel Maliyetler" hesabında muhasebeleştirmektedir. Örneğin yapılan herhangi bir bina inşaatı aşamasında "258 Yapılmakta Olan Yatırımlar" hesabında takip edilmekte, inşaatın tamamlanmasıyla 264 numaralı hesaba aktarılmaktadır.

Aşağıdaki örnekte X Özel Okulları'nın 2009 yılında konferans salonu yaptığı varsayılmıştır. Bu süreçte 258 ve 264 numaralı muhasebe hesaplarının kullanımı şu şekilde gösterilebilir.

➢ X Özel Okulları konferans salonu inşaatı için 10 Nisan 2009 tarihinde 10.000 TL tutarında inşaat malzemesi kullanmış, 5.000 TL işçi ücreti ödemiştir. Malzeme ücreti banka aracılığıyla ödenmiştir.

258 Yapılmakta Olan Yatırımlar	15.000	
102 Bankalar		10.000
100 Kasa		5.000

Konferans salonu inşaatı 05.07.2009 tarihinde tamamlanmıştır. 258 Yapılmakta Olan Yatırımlar hesabının bakiyesi 150.000 TL'dir. Bu durumda yapılan kayıt;

264 Özel Maliyetler	150.000	
258 Yapılmakta Olan Yatırımlar		150.000

Yapılan yatırımın özel maliyet olarak değerlendirilmesi kullanılacak amortisman hesabında da değişiklik yapacaktır.

➢ Değeri 100.000 TL olan bir özel maliyet kalemi için amortisman oranı %20 ise 01.07.2010-30.06.2011 hesap döneminde yapılacak kayıtlar aşağıdaki gibidir:

100.000*%20= 20.000 TL

31.12.2010

770 Genel Yönetim Giderleri	10.000	
268 Birikmiş Amortismanlar		10.000

30.06.2011		
770 Genel Yönetim Giderleri	10.000	
268 Birikmiş Amortismanlar		10.000
/		

Özel maliyetler için yapılan amortisman kaydında "268 Birikmiş Amortismanlar" hesabı kullanılmaktadır. Bunun dışında hesaplama yönteminde ya da diğer konularda farklılık söz konusu değildir.

3.2.2.5. Dışarıdan Satın Alınan Mal Ve Hizmetler

İşletmelerin faaliyet konusu ile ilgili her türlü mal ve hizmet alımlarından kaynaklanan senetsiz borçları "320 Satıcılar" hesabında izlenmektedir. X Özel Okullarında da yapılan mal ve hizmet alımları konusunda senetsiz borçlar için 320 numaralı hesap kullanılmaktadır.

Burada anlatılacak husus X Özel Okulları'nın dışarıdan satın aldığı hizmetlerdir ve bunların arasında en önemli olanları mali müşavirlik ve hukuk müşavirliği hizmetleridir. X Özel Okulları, bu alımlardan kaynaklanan borçlarını "320 Satıcılar" hesabında takip etmektedir.

- X Özel Okulları'nın Mali Müşavir Bay A'ya, yaptığı hizmet karşılığında 10.000 TL+KDV tutarında borcu bulunmaktadır.

/		
770 Genel Yönetim Giderleri	10.000	
191 İndirilecek KDV	1.800	
320 Satıcılar		10.000
320.02 Mali Müşavir Bay A		
/		

"320 Satıcılar" hesabının kullanılması için alınan hizmetin faaliyet konusu ile ilgili olması gerekir. Faaliyet konusu dışındaki mal ya da hizmet alımları dolayısıyla doğan senetsiz borçların 320 numaralı hesap yerine "336 Diğer Çeşitli Borçlar" hesabında izlenmesi gerekmektedir. Görüşümüze göre, X Özel Okulları'nın mali müşavir ya da hukuk müşavirliği hizmetlerinin alımından doğan senetsiz borçlarının "336 Diğer Çeşitli Borçlar" hesabında takip edilmesi daha uygun olacaktır.

Dolayısıyla yukarıda sözü edilen hizmet için yapılacak kayıt şu şekilde olmalıdır:

770 Genel Yönetim Giderleri	10.000	
191 İndirilecek KDV	1.800	
336 Diğer Çeşitli Borçlar		10.000
336.25 Mali Müşavir Bay A		

Ancak X Özel Okullarından alınan örnek kayıtlara göre, kurum, hizmet alımları için "320 Satıcılar" hesabını kullanmaktadır.

3.2.2.6. Personel Giderleri

5580 sayılı Özel Öğretim Kurumları Kanunu'na göre, özel okul öğretmen ve personeline, resmi okul öğretmen ve personeline sağlanan haklara denk olacak şekilde sosyal yardım kapsamında ek ödeme yapılır ve bu ek ödemelerden gelir vergisi kesilmez.

657 sayılı Devlet Memurları Kanunu'nun ek 32'nci maddesinde: "Eğitim ve Öğretim Hizmetleri Sınıfına dahil öğretmen unvanlı kadrolarda görevli olup fiilen öğretmenlik yapanlara her öğretim yılında bir defaya mahsus olmak üzere ve eğitim öğretim yılının başladığı ay içinde Milli Eğitim

Bakanı tarafından belirlenecek tarihte, Bakanlar Kurulu'nca belirlenecek miktarda öğretim yılına hazırlık ödeneği ödenir" hükmü yer almaktadır. Öğretim yılına hazırlık ödeneği damga vergisi hariç diğer vergi ve kesintilere tabi değildir.

Özel okul öğretmenlerine de öğretim yılına hazırlık ödeneği ödenmektedir. Özel okullarda ödenen bu ödeneğin dengi resmi okul öğretmenlerine ödenen tutar kadar olan kısmı gelir vergisine tabi değildir ancak resmi okullarda ödenen tutar aşıldığı takdirde ilgili birimler, gelir vergisi kesintisi ve gerekli diğer kesintileri yapmakla yükümlüdür. Ayrıca devlet memurlarına dil tazminatı da ödenmektedir fakat özel okullar için dil tazminatı ödeme zorunluluğu bulunmamaktadır. Konu ile ilgili ayrıntılı bilgiler 2003/2 seri numaralı Gelir Vergisi Kanunu İş Genelgesi'nde yer almaktadır ve gerekli açıklamalar çalışmamızın ikinci bölümünde yapılmıştır.

X Özel Okullarında görevli öğretmenlere her ay eğitim tazminatı ödemesi yapılmaktadır ve tutarı, Bakanlar Kurulu tarafından belirlenen ve gelir vergisinden istisna edilen miktar kadardır. Yılda bir defa ve eğitim yılı başında verilen öğretim yılı hazırlık ödeneği ise genellikle devlet tarafından belirlenen tutardan fazla verilmektedir. Bu fazlalık ikramiye adı altında ödenmekte ve gerekli kesintilere tabi tutulmaktadır.

Söz konusu ödemeler ve yapılacak muhasebe kayıtları şu şekildedir:

Eğitim Tazminatı açısından yapılacak işlemler:

Brüt Ücret: 2.500 TL

Eğitim Tazminatı: 528 TL

İşsizlik Sigortası Primi (Çalışan Payı): 2.500*%1= 25 TL

SGK Primi (Çalışan Payı): 2.500*%14= 350 TL

Damga Vergisi: 2.500*%0,7[50]= 17,5TL

Gelir Vergisi Matrahı= Brüt Ücret – (Eğitim Tazminatı + SGK Primi + İşsizlik Sigortası Primi)

Gelir Vergisi Matrahı= 2.500 – (528+350+25)

Gelir Vergisi Matrahı= 1.597 TL

Ödenecek Gelir Vergisi Toplamı[51]= 1.597*%15= 239,55 TL

Net Ücret= Brüt Ücret – Kesintiler

Brüt Ücret	2.500 TL
Kesintiler	625,55 TL

SGK Primi: 350

İşsizlik Sigortası Primi: 25

Gelir Vergisi Kesintisi: 239,55

Damga Vergisi Kesintisi: 17,5

Kesintiler Toplamı: 632,05

Net Ücret 1.867,95 TL

İşveren Primleri:

İşverenler brüt ücret üzerinden SGK işveren payı ve işsizlik sigortası işveren payı ödemekle yükümlüdür. İşsizlik sigortası işveren payı oranı %2, SGK işveren payı oranı %20,5 olarak uygulanmaktadır.

➢ Brüt ücretin 2.500 TL olduğu yukarıdaki örnekte, işveren primi tutarları aşağıdaki gibi olacaktır:

*SGK İşveren Payı= Brüt Ücret * %20,5*

---

[50] Damga Vergisi oranı binde 7,59'dur ancak örneklerde binde 7 olarak kullanılmıştır.

[51] Gelir Vergisi Oranı %15 olarak alınmıştır.

SGK İşveren Payı= 2.500 * %20,5

SGK İşveren Payı= 512,5 TL

*İşsizlik Sigortası İşveren Payı= Brüt Ücret * %2*

İşsizlik Sigortası İşveren Payı= 2.500 * %2

İşsizlik Sigortası İşveren Payı= 50 TL

Okul Tarafından Karşılanacak Primler Toplamı= 562,5 TL

SGK İşveren Payı 512,5 TL

İşsizlik Sigortası İşveren Payı 50 TL

/		
740 Hizmet Üretim Maliyeti	3.062,5	
Brüt Ücret		
SGK İşveren Payı		
İşsizlik Sig. İşveren P.		
335 Personele Borçlar		1.867,95
360 Ödenecek Vergi ve Fonlar		257,05
Gelir Vergisi 239,55		
Damga Vergisi 17,5		
361 Ödenecek Sosyal Güvenlik Kes.		937,5
SGK Primi		
(İşçi Payı+İşveren Payı) 862,5		
İşsizlik Sigortası Primi		
(İşçi Payı+İşveren Payı) 75		
/		

Öğretim Yılına Hazırlık Ödeneği Açısından Yapılacak İşlemler:

Öğretim yılına hazırlık ödeneği ile ilgili açıklamalar o yıla ait Bütçe Kanunu'nun "K Cetvelinde" yer almaktadır. Eğitim öğretim yılına hazırlık ödeneği tutarı yıllık olarak belirlenmektedir ve 2015-2016 eğitim öğretim yılı için ödenek miktarı 950 TL'dir (MEB, SGB. 2015).

- X Özel Okullarında öğretim yılına hazırlık ödeneği olarak 1.500 TL ödenmesine karar verilmiştir. Ödenecek olan bu ücret çalışanların bordrolarına ve muhasebe kayıtlarına şu şekilde yansıtılacaktır:

İkramiye 550 TL

Öğretim Ödeneği 950 TL

Sosyal Yardım Toplamı 1.500 TL

İşsizlik Sigortası Primi (Çalışan Payı)= 550*%1= 5,5 TL

SGK Primi (Çalışan Payı)= 550*%14= 77 TL

Damga Vergisi: 1.500*%0,7= 10,5 TL

Gelir Vergisi Matrahı= İkramiye – (SGK Primi + İşsizlik Sigortası Primi)

Gelir Vergisi Matrahı= 550 – (77 + 5,5)

Gelir Vergisi Matrahı= 467,5 TL

Ödenecek Gelir Vergisi= 467,5*%15= 70,125

Ödenecek Net Ücret= Sosyal Yardımlar Toplamı – Kesintiler Toplamı

Ödenecek Net Ücret= 1.500 – (5,5 + 77 + 10,5 + 70,125)

Ödenecek Net Ücret= 1.336,875 TL

İşveren Primleri:

SGK İşveren Payı= 550 * %20,5

SGK İşveren Payı= 112,75 TL

İşsizlik Sigortası İşveren Payı= 550 * %2

İşsizlik Sigortası İşveren Payı= 11 TL

/

740 Hizmet Üretim Maliyeti	1.623,75	
335 Personele Borçlar		1.336,875
360 Ödenecek Vergi ve Fonlar		80,625
Gelir Vergisi 70,125		
Damga Vergisi 10,5		
361 Ödenecek Sos. Güv. Kes.		
SGK Primi		206,250
(İşçi+İşveren Payı) 189,75		
İşsizlik Sigortası Primi		
(İşçi+İşveren Payı) 16,5		
/		

3.2.2.7. Ücretsiz Öğrenci Okutulması

Katma Değer Vergisi Kanunu'nun 17'nci maddesine göre, 5580 sayılı Kanun hükümlerine tabi özel okullarda bedelsiz verilen eğitim, öğretim hizmetlerinde, ilgili dönemki kapasitelerinin %10'unu geçmemek üzere verilen bedelsiz eğitim ve öğretim hizmetleri katma değer vergisinden istisnadır. Konu ile ilgili gerekli açıklamalar, çalışmanın ikinci bölümünde yer almaktadır. Burada bedelsiz verilen hizmetler için yapılan muhasebe işlemleri ile ilgili bilgiler verilecektir.

Özel Öğretim Kurumlar Yönetmeliği'nde belirtilen şartlara uygun olarak bedelsiz okutulan öğrencilerle ilgili, hasılat kaydı yapılmasına gerek yoktur. İlgili dönem kapasitesinin %10'unu aşan miktarda bedelsiz (ücretsiz veya burslu) öğrenci okutulması durumunda, emsal bedel üzerinden KDV hesaplanacaktır.

Bedelsiz okutulan bu öğrenciler için hasılat kaydı yapılmamasına karşın, emsal bedel üzerinden fatura düzenlenmesi gerekmektedir. Kapasitenin %10'unu aşan kısım için düzenlenen faturalarda KDV hesaplanacak ve beyan edilecektir. Ancak %10 oranını aşmayan kısım için düzenlenen faturalarda yer alan KDV tutarları kayıt ve beyan edilmeyecektir.

Muhasebe kayıtları açısından, ilgili dönem kapasitesinin %10'unu aşmayan öğrenciler için özellikli nokta indirilecek KDV konusudur. Bu öğrenciler için okul tarafından yüklenilen indirilecek KDV, "740 Hizmet Üretim Maliyeti" hesabında izlenecektir. Çünkü Katma Değer Vergisi Kanunu'na göre, bedelsiz okutulan öğrenciler için yapılan harcamalara ait KDV'nin indirilmesi ve iade edilmesi mümkün değildir. İndirilemeyecek olan bu KDV'lerin toplamı aynı Kanun uyarınca dönem kazancının tespitinde gider olarak dikkate alınacaktır. Ayrıca anılan Kanunda, indirim hakkı tanınan işlemlerle indirim hakkı tanınmayan işlemlerin bir arada yapılması halinde, fatura ve benzeri vesikalarda gösterilen kayma değer vergisinin ancak indirim hakkı tanınacak işlemlere isabet eden kısmının indirim konusu yapılacağı hükme bağlanmıştır.

Aşağıda X Özel Okulları'nda yapılan muhasebe uygulamaları %10'luk oran dikkate alınarak, indirilecek KDV ve hesaplanan KDV ile ilgili durumlar ayrı ayrı gösterilmiştir.

İlgili Dönem Kapasitesinin %10'una Kadar Bedelsiz Okutulan Öğrenciler İçin Yapılacak İşlemler:

1- İndirilecek KDV Açısından;

Kapasitenin %10'una kadar bedelsiz okutulacak öğrenciler için yapılan harcamaların bünyesindeki KDV'nin indirim konusu yapılmayıp, gider ya da maliyet unsuru olarak dikkate alınması gerekir.

➢ X Özel Okulları'nın Nisan 2011 dönemine ait kapasitesi 500 öğrencidir ve 30 öğrenci bedelsiz okutulmaktadır. Ayrıca Nisan 2011 dönemine ait yüklenilen toplam KDV 10.000 TL'dir. B durumda yapılacak işlemler aşağıdaki gibidir:

Harcamalar Nedeniyle Yüklenilen KDV	10.000
Vergiye Tabi Öğrenciler	470
Bedelsiz Okutulan Öğrenciler	30
Toplam	500
Bedelsiz Öğrenci Oranı	%6
Gider Kaydedilecek KDV (10.000*%6)	600

/		
740 Hizmet Üretim Maliyeti	600	
740.00.10 Burslu Öğrenci KDV Giderleri		
191 İndirilecek KDV		600
191.00.10 Burslu Öğrencilere Ait İndirim Konusu Yapılamayan KDV		
/		

2- Hesaplanan KDV Açısından;

İlgili dönem kapasitesinin %10'una kadar bedelsiz okutulan öğrenciler için emsal bedel üzerinden fatura düzenlenecek, KDV hesaplanacak ancak, "KDV Kanunu'nun 17/2b maddesine göre KDV tahsil edilmemiştir" şerhi konulacaktır. Faturanın açıklama kısmına da "Ücretsiz/burslu okutulan öğrenci" yazılacaktır (Şimşek 2010, s. 174-175). KDV tutarı muhasebe kayıtlarında gösterilmeyecektir.

Bu öğrenciler için hasılat kaydı yapılmayacaktır. Ancak itibari değer ile maliyet hesabında gözükecektir. Bu durumda yapılacak kayıt şu şekilde olacaktır:

740 Hizmet Üretim Maliyeti		1	
600 Yurt İçi Satışlar			1

İlgili Dönem Kapasitesinin %10'unu Aşan Oranda Bedelsiz Okutulan Öğrenciler İçin Yapılacak İşlemler:

1- İndirilecek KDV Açısından;

İlgili dönem kapasitesinin %10'unu aşan sayıda bedelsiz okutulan öğrenciler KDV Kanunu'nun 17/2b maddesine göre katma değer vergisinden istisna olmadığından, söz konusu öğrenciler için yapılan harcamalara ait KDV tutarları maliyet olarak değerlendirilmeyecek, indirim yoluyla giderilecektir.

2- Hesaplanan KDV Açısından;

Kapasitenin %10'unu aşan sayıda bedelsiz okutulan öğrenciler için emsal bedel üzerinden fatura düzenlenmesi gerekmektedir. Ayrıca öğrenci ücretlerinin tamamı üzerinden KDV hesaplanacaktır. Faturanın açıklama kısmına "Ücretsiz/burslu okutulan öğrenci" şerhi konulacaktır. Bu öğrenciler için hasılat kaydı yapılmasına gerek yoktur ancak fatura düzenleme gerekliliği nedeniyle, düzenlenen fatura ilgili hesaplara itibari değer ile kaydedilecektir (Şimşek, 2010, s. 175).

➢ X Özel Okulları'nda Nisan 2011 dönemine ait, kapasitenin %10'unu aşan 15 bedelsiz öğrenci okutulmaktadır. Bedelsiz okutulan öğrencilere ilişkin emsal bedel üzerinden hesaplanan ücret tutarı 15.000 TL'dir. Bu durumda yapılacak yevmiye kaydı aşağıdaki gibidir;

Hesaplanan KDV tutarı: 15.000*%8= 1.200 TL

20.11.2011

740 Hizmet Üretim Maliyeti	1.201	
600 Yurt İçi Satışlar		1
391 Hesaplanan KDV		1.200
/		

Ücretsiz ve burslu okutulan öğrenciler için hesaplanan KDV'nin kanunen kabul edilmeyen gider olarak dikkate alınmakta ve nazım hesaplara aktarılmaktadır.

05.02.2012

901 Nazım Hesap Borç	1.200	
902 Nazım Hesap Alacak		1.200
/		

Dönem sonunda yapılması gereken kayıt şu şekildedir:

05.02.2012

902 Nazım Hesap Alacak	1.200	
901 Nazım Hesap Borç		1.200
/		

Özel Öğretim Kurumları Yönetmeliği'nin 57/3 maddesine göre; "Kurumlar, ücretsiz okutmakla yükümlü oldukları öğrenci ya da kursiyerlerden birinci fıkrada[52] sayılanların dışındakileri tamamen ücretsiz veya bunların ücretlerinin toplam miktarı kadar öğrenim ücretinde %25, %50 veya %75 oranında indirim uygulayarak daha fazla öğrenci veya kursiyer okutabilirler." X Özel Okulları, anılan yönetmelikle kendilerine

---

[52] Özel Öğretim Kurumları Yönetmeliği'nin 57'nci maddesinin birinci fıkrası şu şekildedir: "Kurumlar, kurumda okuma hakkı kazananlardan şehit ve malul gazi çocukları ile malul gazilere ücretsiz okumada öncelik verir.

verilen bu hakkı kullanmakta ve tamamen ücretsiz okutmak yerine daha az oranda indirim yaparak daha fazla sayıda öğrenci okutmaktadır.

3.2.2.8. Maliyet Hesaplarının İşleyişi

İşletmeler yaptıkları işin niteliğine göre, hizmet işletmeleri ve üretim işletmeleri olmak üzere ikiye ayrılmaktadır. Bu iki tür işletmenin kullandıkları maliyet hesapları birbirinde farklıdır. Üretim işletmelerinde; "710 Direkt İlk Madde ve Malzeme Giderleri", "720 Direkt İşçilik Giderleri" ve "730 Genel Üretim Giderleri" hesapları kullanılırken, hizmet işletmelerinde "740 Hizmet Üretim Maliyeti" hesabı kullanılmaktadır.

Özel okullar, hizmet işletmeleri olarak değerlendirilirler. Dolayısıyla kullandıkları maliyet hesabı sadece "740 Hizmet Üretim Maliyeti" hesabıdır.

"740 Hizmet Üretim Maliyeti" hesabı, gider yerleri ya da gider çeşitlerine göre alt hesaplara ayrılmaktadır. Hizmet işletmeleri için tek maliyet hesabı olması dolayısıyla, malzeme giderleri, işçilik giderleri ve diğer maliyetler hizmet üretim maliyeti hesabında, alt hesaplar bazında ayrı ayrı muhasebeleştirilmektedir.

X Özel Okulları bünyesinde, anasınıfı, ilköğretim ve ortaöğretim olmak üzere 3 farklı seviyede okul hizmet vermektedir. Ayrıca yemek hizmeti de okul tarafından verilmektedir. Yardımcı ya da ek hizmet olarak nitelendirilen yemekhane hizmetleri, eğitim hizmetinin bir parçasıdır. Bu nedenle yemekhane maliyetleri de "740 Hizmet Üretim Maliyeti" hesabında izlenmektedir.

X Özel Okullarında, 740 Hizmet Üretim Maliyeti hesabı ilk olarak, "740.01 Eğitim Bölümü Hizmet Üretim Giderleri" ve "740.02 Yemekhane Bölümü Hizmet Üretim Giderleri" olarak ikiye ayrılmaktadır. Daha sonra "740.01

Eğitim Bölümü Hizmet Üretim Giderleri" hesabı içinde 3 farklı alt hesap oluşturulmaktadır. Bunlar;

"740.01.01 Anasınıfı Hizmet Üretim Giderleri,

740.01.02 İlköğretim Hizmet Üretim Giderleri,

740.01.03 Ortaöğretim Hizmet Üretim Giderleri" şeklindedir.

740	HİZMET ÜRETİM MALİYETİ
740.01	Eğitim Bölümü Hizmet Üretim Giderleri
740.01.01	Anasınıfı Hizmet Üretim Giderleri
740.01.01.01	Anasınıfı Hizmet Üretim Giderleri
740.01.01.01.0001	Elektrik Giderleri
740.01.01.01.0002	Su Giderleri
740.01.01.01.0003	Doğalgaz Giderleri
740.01.01.01.0005	Telefon Giderleri
740.01.02	İlköğretim Hizmet Üretim Giderleri
740.01.02.0001	Elektrik Giderleri
740.01.02.0002	Su Giderleri
740.01.02.0003	Doğalgaz Giderleri
740.01.02.0005	Telefon Giderleri
740.01.03	Ortaöğretim Hizmet Üretim Giderleri
740.01.03.0001	Elektrik Giderleri
740.01.03.0002	Su Giderleri
740.01.03.0003	Doğalgaz Giderleri
740.01.03.0005	Telefon Giderleri
740.02	Yemekhane Bölümü Hizmet Üretim Giderleri
740.02.00	Yemekhane Bölümü Hizmet Üretim

	Giderleri
740.02.00.0001	Elektrik Giderleri
740.02.00.0002	Su Giderleri
740.02.00.0003	Doğalgaz Giderleri
740.02.00.0005	Telefon Giderleri

Tabloda "740 Hizmet Üretim Maliyeti" hesabının alt hesaplara ayrılmasında bazı örnek hesap grupları yer almaktadır. Ayrıca diğer alt hesapların da yer aldığı, X Özel Okullarında kullanılan ayrıntılı hesap planı çalışma sonunda ek olarak sunulmuştur.

740 Hizmet Üretim Maliyeti hesabı içerisinde, özel okullar açısından önemli bir konu, %10 oranını aşmayan burslu öğrencilerin KDV giderleridir. Daha önceki bölümlerde bahsedildiği üzere, ilgili dönem kapasitesinin 10'unu aşamayan oranda ücretsiz veya burslu okutulan öğrenciler için yüklenilen KDV, indirim konusu yapılmamakta, maliyete eklenmektedir. Dolayısıyla indirim konusu olmayan bu KDV tutarları "740 Hizmet Üretim Maliyeti" hesabında izlenmektedir. X Özel okulları, maliyete eklenen İndirilecek KDV "740 Hizmet Üretim Maliyeti" hesabında izlenmektedir. X Özel Okulları, maliyete eklenen KDV tutarlarını, okullar bazında ayırarak Hizmet Üretim Maliyeti hesabının alt hesaplarında muhasebeleştirmektedir.

X Özel okullarında, elektrik, su ve doğalgaz gibi ortak genel giderlerin okullara ayrılmasında, farklı sayaçlar kullanımı söz konusudur. Her bir okul türünün ne kadar kullandığı, kendine ait olan sayaçtan alınan bilgiler doğrultusunda belirlenmektedir.

➢ X Özel Okullarında 25.04.2012 tarihinde 1.500 TL tutarında elektrik faturası ödenmiştir. Kullanılan elektriğin 600 TL'lik kısmı yemekhaneye, 200 TL anasınıfına, 300 TL ilköğretime, 400 TL ise liseye aittir.

	25.04.2012		
	740 Hizmet Üretim Maliyeti	1.500	
	740.01.01.001 Anasınıfı Elektrik Giderleri 200		
	740.01.02.001 İlköğretim Elektik Giderleri 300		
	740.01.03.001 Ortaöğretim Elektrik Giderleri 400		
	740.02.00.001Yemekhane Elektrik Giderleri 600		
	102 Bankalar		1.500
	/		

➢ 01.03.2012 tarihinde ilköğretim öğrencilerinin kullanması için 1.000 TL değerinde kitap alınmış, bedeli banka aracılığıyla ödenmiştir.

	01.03.2012		
	740 Hizmet Üretim Maliyeti	1.000	
	740.01.02.010 Kitap ve Kırtasiye Giderleri		
	191 İndirilecek KDV	180	
	102 Bankalar		1.180
	/		

➢ 01.04.2012 tarihinde ortaöğretim okulu müzik odasına 5.000 TL değerinde müzik aleti alınmıştır.

01.03.2012		
740 Hizmet Üretim Maliyeti	5.000	
740.01.03.009 Ders Araç ve Gereç Giderleri		
191 İndirilecek KDV	900	
102 Bankalar		5.900
/		

3.2.2.9. Gider Hesaplarının İşleyişi

3.2.2.9.1. Pazarlama Satış Dağıtım Giderleri

Muhasebe Uygulamaları Genel Tebliği'nde, pazarlama satış dağıtım giderleri hesabı, "mamulün stoklara verildiği ve hizmetin tamamlandığı andan itibaren bu mal ve hizmetlerin alıcılara teslimine kadar yapılan giderler bu hesaba borç kaydedilir" şeklinde tanımlanmıştır. Başka bir ifadeyle bu hesap, pazarlama fonksiyonunun gerektirdiği giderlerin izlenmesinde kullanılır.

X Özel Okullarında, 760 Pazarlama Satış Dağıtım Giderleri hesabı daha farklı şekilde kullanılmaktadır.

X Özel Okulları bünyesindeki okul kantini, okul yönetimi tarafından işletilmektedir, üçüncü kişilere devredilmemiştir. "760 Pazarlama Satış Dağıtım Giderleri" hesabında, okul içinde butik kafe olarak adlandırılan okul kantinine ait giderler izlenmektedir. Muhasebe Uygulamaları Genel Tebliği uyarınca, 760 pazarlama satış dağıtım giderleri hesabında izlenmesi gereken giderler (örneğin reklam giderleri) gider yerine göre "740 Hizmet Üretim Maliyeti" ya da "770 Genel Yönetim Giderleri" hesaplarında izlenmektedir.

X Özel Okullarında kullanılan "760 Pazarlama Satış Dağıtım Giderleri" hesabına ilişkin alt hesaplardan bazıları şu şekildedir:

760	PAZARLAMA SATIŞ VE DAĞITIM GİDERLERİ
760.01	Butik Cafe Giderleri
760.01.0002	Telefon Giderleri
760.01.0004	Doğalgaz Giderleri
760.02	Butik Cafe Memur Personeli Giderleri
760.02.0001	Butik cafe memur pers.maaş
760.02.0003	Butik cafe memur pers.fazla mesai

Çalışmamızın konusu X Özel Okullarının eğitim faaliyeti olduğu için, çalışmamızın sınırları göz önüne alınarak, bu hesabın ayrıntılarına girilmeyecektir.

3.2.2.9.2. Genel Yönetim Giderleri Hesabı

İşletmelerde yönetim gider yerine ait olan her türlü gider çeşidi bu hesapta izlenir. Gerek üretim gerekse hizmet işletmeleri yönetim bölümüne ait harcamaları için "770 Genel Yönetim Giderleri" hesabını kullanırlar.

X Özel Okullarında 770 genel yönetim giderleri hesabı bünyesindeki bazı alt hesaplar 740 hizmet üretim maliyeti hesabıyla aynıdır. Ancak burada belirleyici olan gider yerleridir. Örneğin yönetim binasında kullanılan elektrik gideri 770 genel yönetim giderleri hesabında izlenirken, ilkokulda kullanılan elektrik bedeli 740 hizmet üretim maliyeti hesabında izlenmektedir. Ayrıca hangi bölümde ya da hangi gider yerinde kullanılırsa kullanılsın amortisman giderleri 770 genel yönetim giderleri hesabında muhasebeleştirilmektedir.

X Özel Okullarında kullanılan "760 Pazarlama Satış Dağıtım Giderleri" hesabına ilişkin alt hesaplardan bazıları şu şekildedir:

770	GENEL YÖNETİM GİDERLERİ
770.00	Genel Yönetim Giderleri
770.00.00	Genel Yönetim Giderleri
770.00.00.0001	Elektrik Giderleri
770.00.00.0002	Su Giderleri
770.00.00.0003	Doğalgaz Giderleri
770.00.00.0005	Telefon Giderleri
770.00.00.1000	Büro Demirbaşları Birikmiş Amortisman Gideri
770.00.00.1001	Ders Demirbaşları Birikmiş Amortisman Gideri
770.00.00.1002	Okul Demirbaşları Birikmiş Amortisman Gideri
770.00.00.1003	Yemekhane Demirbaşları Birikmiş Amortisman Gideri
770.00.00.1004	Butik Cafe Demirbaşları Birikmiş Amortisman Gideri
770.00.00.1005	Yemekhane Binası Birikmiş Amortisman Gideri
770.00.00.1006	Konferans Salonu Birikmiş Amortisman Gideri
770.00.02	Genel Müdürlük Memur Personeli Hizmet Giderleri
770.00.02.0001	Genel Müdürlük Memur Personeli Maaşları

- Faydalı ömrü 5 yıl, değeri 6.000 TL olan ve ders demirbaşları kapsamında değerlendirilen projeksiyon cihazına ait 2010-2011 eğitim yılı içinde yapılacak amortisman kaydı;

6.000*%20= 1.200 TL

31.12.2010		
770 Genel Yönetim Giderleri	600	
257 Birikmiş Amortismanlar 257.00.02 Ders Demirbaşları		600
/		

30.06.2011		
770 Genel Yönetim Giderleri	600	
257 Birikmiş Amortismanlar 257.00.02 Ders Demirbaşları		600
/		

- X Özel Okullarının muhasebe departmanında 3 kişi çalışmaktadır. Brüt ücretin 1.500 TL olduğu kabul edildiğinde, ücret ödemelerine ait hesaplamalar ve yapılacak kayıtlar şöyledir:

Brüt Ücret= 1.500

SGK İşçi Payı= Brüt Ücret%14*

SGK İşçi Payı = 1.500*0,14= 210 TL

İşsizlik Sigortası İşçi Payı= Brüt Ücret%1*

İşsizlik Sigortası İşçi Payı = 1.500*0,01= 15 TL

Gelir Vergisi Matrahı= Brüt Ücret - (SGK İşçi Payı + İşsizlik Sigortası İşçi Payı)

Gelir Vergisi Matrahı= 1.500 – (210 + 15)

= 1.275 TL

Gelir Vergisi Kesintisi= 1.275 * %15[53]= 191,25 TL

[53] Gelir Vergisi oranı %15 alınmıştır.

Damga Vergisi= Brüt Ücret * %0,7

= 1.500 * 0,007= 10,5 TL

Ödenecek Toplam Vergi= 191,25 + 10,5= 201,75

İşveren Primleri:

*SGK İşveren Payı= Brüt Ücret * %20,5*

SGK İşveren Payı= 1.500 * %20,5

SGK İşveren Payı= 307,5 TL

*İşsizlik Sigortası İşveren Payı= Brüt Ücret * %2*

İşsizlik Sigortası İşveren Payı= 1.500 * 0,02= 30 TL

Toplam SGK Primi (307,5 * 3)	922,5
Toplam İşsizlik Sigortası Primi (30 * 3)	90
Okul Tarafından Karşılanacak Primler Toplamı	1.012,5 TL

/

770 Genel Yönetim Giderleri 770.00.02.001 Genel Müdürlük Personel Maaşları 4.500 770.00.02.005 Genel Müdürlük Personeli İşveren Payı 1.012,5	5.512,5	
335 Personele Borçlar		3.219,75
360 Ödenecek Vergi ve Fonlar Gelir Vergisi 573,75 Damga Vergisi 31,5		605,25
361 Ödenecek Sosyal Güvenlik Kes. SGK Primi 1.552,5 (İşçi Payı +İşveren Payı) İşsizlik Sigortası Primi 135 (İşçi Payı+İşveren Payı) /		1.687,5

➢ 05.02.2012tarihinde, 10.000 TL tutarında doğalgaz faturası banka aracılığıyla ödenmiştir. Kullanılan doğalgazın 4.000 TL'lik kısmı eğitim bölümüne, 3.500 TL'si yemekhaneye, 2.500 TL'lik kısmı genel müdürlüğe aittir

01.07.2011		
740 Hizmet Üretim Maliyeti	7.500	
740.01 Eğitim Bölümü Hizmet Üretim Giderleri		
740.02 Yemekhane Bölümü Hizmet Üretim Giderleri		
770 Genel Yönetim Giderleri		
770.00.00.003 Doğalgaz Giderleri	2.500	
191 İndirilecek KDV	1.800	
102 Bankalar		11.800
/		

3.2.3. Dönem Sonu Envanter İşlemleri

X Özel okullarında hesap dönemi 30 Haziran tarihinde sona ermektedir. Haziran ayı aynı zamanda hizmeti ifasının sonlandığı aydır ve eğitim hizmetine dair son faturalar bu ay içerisinde düzenlenmektedir.

Dönem sonu işlemleri açısından X Özel Okullarında özellikli bir durum söz konusu değildir. Hesap dönemi sona erdiğinde, yansıtma hesapları kullanılarak gider ve maliyet hesapları kapatılacak, gelir tablosu hesapları "690 Dönem Katı veya Zararı" hesabına aktarılacak ve işletmenin kar ya da zararı belirlenecektir. Okulun kar etmesi durumunda ödeyeceği kurumlar vergisi tutarı hesaplanacaktır. Ayrıca dönem içinde ödenen geçici vergi, ödenecek kurumlar vergisinden mahsup edilecektir.

- 2010-2011 eğitim öğretim yılı sonu itibariyle, X Özel Okullarına ait bilgiler aşağıdaki gibidir:

740 Hizmet Üretim Maliyeti

5.500.000	

760 Paz. Sat. Dağ. Giderleri

100.000	

770 Genel Yönetim Giderleri

1.200.000	

193 Peşin Ödenen V/Fonlar

100.000	

600 Yurt İçi Satışlar

	10.000.000

602 Diğer Gelirler

	100.000

611 Satış İskontoları

2.000.000	

642 Faiz Gelirleri

	250.000

644 Konusu Kalmayan Karş.

	50.000

646 Kambiyo Karları

	75.000

649 Diğer Olağan Gelir/ Karlar

	225.000

653 Komisyon Giderleri

25.000	

654 Karşılık Giderleri	
175.000	

656 Kambiyo Zararları	
50.000	

671 Önceki Dönem Gelir/Karları	
250.000	

Dönem Sonunda Yapılacak İşlemler:

	30.06.2011		
	741 Hizmet Üretim Maliyeti Yansıtma Hesabı	5.500.000	
	761 Pazarlama Satış Dağıtım Giderleri Yansıtma Hesabı	1.200.000	
	771 Genel Yönetim Giderleri Yansıtma Hesabı	100.000	
	740 Hizmet Üretim Maliyeti		5.500.000
	760 Pazarlama Satış Dağıtım Giderleri		1.200.000
	770 Genel Yönetim Giderleri		100.000
	/		

	30.06.2011		
	622 Satılan Hizmet Maliyeti	5.500.000	
	631 Pazarlama Satış Dağıtım Giderleri	1.200.000	
	632 Genel Yönetim Giderleri	100.000	

	741 Hizmet Üretim Maliyeti Yansıtma Hesabı		5.500.000
	760 Pazarlama Satış Dağıtım Giderleri Yansıtma Hesabı		1.200.000
	770 Genel Yönetim Giderleri Yansıtma Hesabı		100.000
	/		

	30.06.2011		
	690 Dönem Karı veya Zararı	6.800.000	
	622 Satılan Hizmet Maliyeti		5.500.000
	631 Pazarlama Satış Dağıtım Giderleri		100.000
	632 Genel Yönetim Giderleri		1.200.000
	/		

	30.06.2011		
	690 Dönem Karı veya Zararı	2.250.000	
	611 Satış İskontoları		2.000.000
	653 Komisyon Giderleri		175.000
	654 Karşılık Giderleri		25.000
	656 Kambiyo Zararları		50.000
	/		

30.06.2011

600 Yurt İçi Satışlar	10.000.000	
602 Diğer Gelirler	100.000	
642 Faiz Gelirleri	250.000	
644 Konusu Kalmayan Karşılıklar	50.000	
646 Kambiyo Karları	75.000	
649 Diğer Olağan Gelir ve Karlar	225.000	
671 Önceki Dönem Gelir ve Karları	250.000	
690 Dönem Karı veya Zararı		10.950.000
/		

690 Dönem Karı veya Zararı

6.800.000 2.250.000	10.950.000

Ödenecek Kurumlar Vergisi= 1.900.000 * %20

Ödenecek Kurumlar Vergisi= 380.000 TL

Büyük defter kayıtlarında görüldüğü üzere dönem içinde ödenen geçici vergi toplamı 200.000 TL'dir. Bu durumda dönem sonu itibariyle şu kayıtlar yapılacaktır:

30.06.2011

371 Dönem Karının Peşin Ödenen Vergi ve Diğer Yükümlülükleri	200.000	
193 Peşin Ödenen Vergi ve Fonlar		200.000
193.00.01 Geçici Vergi		
/		

30.06.2011

690 Dönem Karı veya Zararı	1.900.000	
691 Dönem Karı Vergi ve Diğer Yasal Yükümlülük Karşılıkları		380.000
692 Dönem Net Karı veya Zararı		1.520.000
/		

30.06.2011

691 Dönem Karı Vergi ve Diğer Yasal Yükümlülük Karşılıkları	380.000	
370 Dönem Karı Vergi ve Diğer Yasal Yükümlülük Karşılıkları		380.000
/		

30.06.2011

692 Dönem Net Karı veya Zararı	1.520.000	
590 Dönem Net Karı		1.520.000
/		

Geçici vergiyle ilgili olarak, Nisan-Mayıs-Haziran aylarını kapsayan dördüncü geçici vergi dönemine ait kayıtlar ve ödemeler, bir sonraki hesap döneminin Ağustos ayında yapılacaktır.

➤ Dördüncü dönem geçici vergi ödeme zamanı geldiğinde yapılan kayıt şu şekildedir;

14.08.2011		
371 Dönem Karının Peşin Ödenen Vergi ve Diğer Yükümlülükleri	180.000	
360 Ödenecek Vergi ve Fonlar		180.000
/		

14.08.2011		
370 Dönem Karı Vergi ve Diğer Yasal Yükümlülük Karşılıkları	380.000	
371 Dönem Karının Peşin Ödenen Vergi ve Diğer Yükümlülükleri		380.000
/		

Geçici verginin ödeme kaydı;

17.08.2011		
360 Ödenecek Vergi ve Fonlar	180.000	
102 Bankalar		180.000
/		

Bu kayıtların yapılmasının ve kar zararın belirlenerek, ödenecek verginin hesaplanmasının ardından, hesap dönemi sona ermektedir. Sıradaki yapılacak işlem mali tabloların hazırlanmasıdır.

- Yukarıdaki hesaplarda yer alan bilgilere göre, X Özel Okullarının 01.07.2010-30.06.2011 hesap dönemine ait gelir tablosu şu şekilde olacaktır:

X ÖZEL OKULLARI

(01.07.2010-30.06.2011) DÖNEMİ GELİR TABLOSU

A. BRÜT SATIŞLAR	**10.100.000**
- YURT İÇİ SATIŞLAR	10.000.000
- DİĞER GELİRLER	100.000
B. SATIŞ İNDİRİMLERİ	**2.000.000**
- SATIŞ İSKONTOLARI	2.000.000
C. NET SATIŞLAR	**8.100.000**
D. SATIŞLARIN MALİYETİ	**5.500.000**
- SATILAN HİZMET MALİYETİ	5.500.000
BRÜT SATIŞ KARI VEYA ZARARI	**2.600.000**
E. FAALİYET GİDERLERİ (-)	**1.300.000**
- PAZARLAMA SATIŞ VE DAĞITIM GİDERLERİ	100.000
- GENEL YÖNETİM GİDERLERİ	1.200 000
FAALİYET KARI VEYA ZARARI	**1.300.000**
F. DİĞER FAALİYETLERDEN OLAĞAN GELİR VE KARLAR	**600.000**
- FAİZ GELİRLERİ	250.000
- KONUSU KALMAYAN KARŞILIKLAR	50.000

- KAMBİYO KARLARI	75.000
- DİĞER OLAĞAN GELİR VE KARLAR	225.000
G. DİĞER FAALİYETLERDEN OLAĞAN	
GİDER VE ZARARLAR (-)	**250.000**
- KOMİSYON GİDERLERİ	25.000
- KARŞILIK GİDERLERİ	175.000
- KAMBİYO ZARARLARI	50.000
OLAĞAN KAR VEYA ZARAR	**1.600.000**
I. OLAĞANDIŞI GELİR VE KARLAR	**250.000**
- ÖNCEKİ DÖNEM GELİR VE KARLARI	250.000
DÖNEM KARI VEYA ZARARI	**1.900.000**
K. DÖNEM KARI VERGİ VE DİĞER YASAL	
YÜKÜMLÜLÜK KARŞILIĞI (-)	**380.000**
DÖNEM NET KARI VEYA ZARARI	**1.520.000**

DEĞERLENDİRME

X Özel Okulları ifa ettiği eğitim öğretim faaliyeti dolayısıyla hizmet işletmesi olarak değerlendirilmektedir. Bu nedenle geçerli olan muhasebe uygulamaları, hizmet işletmelerinde yapılması gereken işlemlerden oluşmaktadır. Ancak bazı özellikli noktaları şu şekilde özetleyebiliriz:

X Özel Okullarında, öğrenci ücretlerine dair yapılan tahsilatlar için "108 Diğer Hazır Değerler" hesabı kullanılmaktadır. Gerek ön kayıt ücretleri gerekse aylık olarak yapılan ücret ödemeleri "108 Diğer Hazır Değerler" hesabı kullanılarak muhasebeleştirilmektedir. Çünkü ödemeler kredi kartı aracılığıyla yapılmaktadır. Ücret tutarları elden tahsil edilmediği için ve banka kanalıyla ödeme yapılmadığı için, bu durumlarda yaygın olarak kullanılan, "100 Kasa" ve "102 Bankalar" hesaplarının kullanımı söz konusu değildir. Ayrıca yeni hesap dönemi başlamadan ön kayıt ücreti tahsil edilmektedir ve bu ücret "340 Alınan Avanslar" hesabına kaydedilmektedir. Ancak bu durum X Özel Okullarına özgü bir uygulama olmayıp, bütün özel öğretim kurumları için geçerlidir.

Satış indirimleri konusunda X Özel Okullarının kullandığı yöntem, genel uygulamaya göre farklılık arz etmektedir. X Özel Okulları "120 Alıcılar", "600 Yurt İçi Satışlar" ve "611 Satış İndirimleri" hesaplarını bir arada kullanmakta ve işlemi tek kayıt üzerinde göstermektedir. Ancak uygulamada iki farklı kayıt yapılmakta, ilk olarak "120 Alıcılar" ve "600 Yurt İçi Satışlar" hesapları açılıp ikinci adımda, yapılan indirimler "611 Satış İndirimleri" hesabı kullanılarak "120 Alıcılar" hesabından mahsup edilmektedir. X Özel Okullarının kullandığı yöntemde ise ikinci kaydın yapılması gereği ortadan kalkmış durumdadır.

Burada bir diğer özellikli nokta, geçici vergi konusudur. Geçici vergi matrahının hesaplanması ve vergilendirme dönemlerinde yapılacak işlemler konusunda literatürde farklı yöntemler yer almaktadır. Uygulamada işletmeler, bu yöntemlerden istediklerini kullanabilmektedir.

X Özel Okulları geçici vergi matrahını hesaplarken, geçici mizan ve bu mizandan hareketle geçici gelir tablosu düzenlemektedir. Belirli bir dönemi kapsayan bu gelir tablosuna göre, ticari kar hesaplanmakta ve bu kara, kanunen kabul edilmeyen giderlerin eklenmesiyle geçici vergi matrahına ulaşılmaktadır. Ayrıca, daha önceki dönemlerde ödenen geçici vergiler, ilgili dönemde ödenecek vergiden mahsup edilmektedir. Dolayısıyla hesap dönemi sona ermeden gelir ve gider hesaplarının kapatılması söz konusu değildir. Ayrıca bu yöntemde, dönem içinde "370 Dönem Karı Vergi ve Diğer Yasal Yükümlülük Karşılıkları" ve "371 Dönem Karının Peşin Ödenen Vergi ve Diğer Yükümlülükleri" hesapları kullanılmamakta, hesap dönemi sonunda gerekli kayıtlar yapılmaktadır. Ancak bu yönteme uygulamada çok fazla rastlanmamaktadır.

SONUÇ

Özel öğretim kurumlarının desteklenmesi konusu Beşinci Beş Yıllık Kalkınma Planından başlayarak günümüze kadar bütün kalkınma planlarında ve çözümlenmesi gereken öncelikli sorunlar arasında yer almıştır. Özel okulların tarihçesini incelediğimizde cumhuriyetten önce de bu kurumlara yönelik düzenlemelerin olduğunu görmekteyiz.

Özel okullara yönelik olarak yapılan en önemli yasal düzenleme, 1965 yılında yürürlüğe giren, 625 sayılı Özel Öğretim Kurumları Kanunu'dur. Çünkü anılan kanun, özel öğretim kurumlarına yönelik olarak yapılan ilk özel düzenlemedir. Yıllar geçtikçe, şartların değişmesiyle birlikte 625 sayılı Kanun ihtiyaçlara cevap veremez hale gelmiş ve 2007 yılında, günümüzde de geçerli olan 5580 sayılı Özel Öğretim Kurumları Kanunu uygulamaya koyulmuştur.

Özel okullara yönelik genel hükümler 5580 sayılı Kanun'da yer almasına karşın, vergilendirilmesine yönelik hükümler vergi kanunlarında düzenlenmiştir. Vergi kanunlarında yer alan ve özel okullarla ilgili olan konuların açıklanması amacıyla, çalışmamız kapsamında Gelir Vergisi Kanunu, Kurumlar Vergisi Kanunu ve Katma Değer Vergisi Kanunu özel öğretim kurumları açısından incelenmiştir.

Devletin bir alanı ya da bir sektörü desteklemek için yapacağı en önemli düzenlemelerden biri vergisel teşviklerdir. Eğitim gerek devlet gerekse toplum açısından çok önemli ve özel bir alandır. Dolayısıyla özel eğitimin devlet tarafından desteklenmesi, özel öğretim işi ile uğraşan kurumların teşvik edilmesi gerekmektedir. Bu nedenle vergi mevzuatımızda özel okullara yönelik teşvik niteliğinde düzenlemeler mevcuttur. Çalışmanın önceki bölümlerinde bu konular ayrıntılı olarak açıklanmıştır. Ancak yapılmış olan bu düzenlemelerin ve söz konusu teşviklerin özel okulların ihtiyaçlarına ne derece cevap verdiği tartışmalıdır. Çünkü var olan teşvikler yeterli düzeyde değildir. Ülkemizde özel okullaşma oranı %2 civarındadır. Bu oran gelişmiş ülkelerde geçerli olan rakamların çok altındadır.

Türk Vergi Sisteminde, özel okullara yönelik en önemli vergisel teşvik, Gelir Vergisi Kanunu ile Kurumlar Vergisi Kanunu'na 5228 sayılı Kanunun 27'nci ve 30'uncu maddeleriyle eklenen "Eğitim öğretim işletmelerinde kazanç istisnasıdır". Bu düzenleme ile özel okulların kazançları 5 vergilendirme dönemi Gelir ve Kurumlar Vergisinden istisna edilmiştir.

İstisna hükmü sadece 2004 yılından itibaren faaliyete geçmiş olan özel okullar için söz konusudur. Uygulama bu haliyle yeterli düzeyde değildir. Çünkü sadece özel okullar için geçerlidir ve 5580 sayılı Kanun'da sayılan diğer özel öğretim kurumları (dershaneler, özel kurslar vb.) istisna kapsamı dışında bırakılmıştır. Eşitliğin sağlanması amacıyla diğer kurumlarında istisnadan faydalanması gerekmektedir. Başka bir ifadeyle, istisnanın kapsamının genişletilmesi ve yukarıda bahsedilen kurumların da istisna dahilinde değerlendirilmesi benzer kurumlar arasında eşitliğin sağlanmasına yardımcı olacaktır. Ayrıca sadece 2004 yılından itibaren faaliyete geçmiş olan kurumlara yönelik olması, uygulamanın bir diğer eksik yönüdür. 2004 yılından önce faaliyete geçen okullar için 625 sayılı Kanun hükmü uygulanacak ve bu okullar kalkınmada öncelikli yörelerde değilse, kazançları bir yıl vergiden istisna olacaktır. Başka bir ifadeyle 2003 yılında faaliyete geçen bir okul bir yıl vergi ödemezken, 2004 yılında faaliyete geçen bir okul beş yıl süreyle vegi ödemeyecektir. Diğer taraftan, daha köklü olan, 1980'lerde, 1990'larda ya da daha önceki tarihlerde açılan özel okullar için herhangi bir istisna söz konusu olmayacaktır.

Kazanç istisnası, yeni açılan okulları desteklemeye ve yeni kurumlar açılmasını teşvik etmeye yöneliktir. Bu nedenle istisna süresi tamamlandıktan sonra kapatılan ve yeni bir isimle ya da yeni ortaklarla istisnadan yararlanabilmek için tekrar açılan okullara rastlamak mümkündür. Çünkü burada bu durumu engellemeye yönelik bir yasal düzenleme mevcut değildir. Yapılan işlemin hile amacıyla olup olmadığı ancak yapılan incelemeler sonucunda ortaya çıkarılmaktadır. Ancak kanunda böyle bir boşluğun bulunması iyi niyetli olmayan şahısların yardımcısı konumundadır. Yasaların bu konu hakkında açıklama yapmamış olması nedeniyle bu kişileri engellemek ya da eğer bir hile söz konusuysa bunu anlamak çok kolay olmayacaktır. Bizce, idarenin işinin kolaylaştırılması ve eğitim alanına yakışmayacak böyle uygulamaların önüne geçilebilmesi için bu konuda açıklayıcı ve daha kapsamlı bir hüküm getirilmesi yerinde olacaktır. İdarenin istisna hükmünde düzenleme yapmak ya da genel tebliğ ile açıklamak suretiyle istisnadan yararlanılmaması durumunu yeniden ve ayrıntılı olarak ifade etmesi gerekmektedir. Anılan istisna hükmü Kurumlar Vergisi Kanunu'nda da yer almaktadır ve yapılan açıklamalar Kurumlar Vergisi mükellefi olan özel okullar için de aynen geçerlidir.

Katma Değer Vergisi Kanunu'na göre, özel okullarca bedelsiz verilen eğitim öğretim hizmetlerinde ilgili dönem kapasitesinin %10'unu geçmemek üzere bedelsiz verilen eğitim öğretim hizmetleri KDV'den müstesnadır.

Öncelikle burada bir kavram karmaşası olduğunu söylemek mümkündür. Bedelsiz deyimiyle kastedilen durumun açıklığa kavuşturulması gerekmektedir. Çünkü Milli Eğitim Bakanlığı Özel Öğretim Kurumları Yönetmeliği'nde ücretsiz burslu kavramları ayrı ayrı tanımlanmıştır. KDV

Kanunu'nu bedelsiz kavramıyla ifade ettiği durumun ücretsiz veya burslu okutulacak öğrencilerin ne kadarını kapsadığı açık bir şekilde ortaya koyulmalıdır.

Burada üzerinde durulması gereken bir diğer husus %10 oranıdır. Özel okullar ilgili dönem kapasitesinin %10'unu geçtiği takdirde, bedelsiz okuttuğu öğrenciler adına emsal bedel üzerinden KDV hesaplayacak ve ödeyecektir. Bu durum söz konusu kurumlar için ceza niteliğindedir. Madde hükmüne göre, anılan okullar sosyal sorumluluk gereği hiçbir ücret almadan öğrenci okutacak ve üzerine de vergi ödeyecektir. Özel öğretimin teşvikinin ve özel okulların yaygınlaştırılmasının tartışıldığı bir ortamda bu düzenleme tam tersi bir duruma hizmet temektedir. Burada KDV oranının düşürülmesi ya da sıfırlanması çözüm için etkili bir yol olacaktır.

Özel okullar tarafından verilen yemek hizmetleri açısından, hizmetim kim tarafından verildiğine bağlı olarak, KDV oranları farklılık göstermektedir. Burada ifa edilen hizmetin eğitim hizmeti kapsamına girip girmediğinin açıkça belirtilmesi gerekir. Aynı durum servis ve pansiyon hizmetleri için de geçerliyken, yapılan düzenlemeler sonucunda bu hizmetlerde KDV oranı %8 olarak açıklanmış ve sorun giderilmiştir. Benzer bir düzenlemenin yemek hizmetleri açısından da yapılması gerekmektedir. Yani, "Özel okullar tarafından verilen yemek hizmetlerinde hizmeti ifa edenin önemi olmaksızın KDV oranı %8 olarak belirlenmiştir" şeklinde yapılacak olan bir düzenleme sorunun çözümünü sağlayacaktır.

Özel öğretim kurumları tarafından ifa edilen eğitim hizmetinin ilim, fen ve güzel sanatları yaymak, teşvik etmek amacında olmadığı kabul edilmiştir ve Katma Değer Vergisi Kanunu'nun 17/1 maddesinde yer alan Kültür ve Eğitim Amacı Taşıyan İstisnalar kapsamı dışında değerlendirilmektedir.

Ancak anılan istisna eğitim faaliyetini teşvik etmek amacındaysa, özel okulların da istisna kapsamına alınması gerekmektedir.

Özel öğretim kurumlarında KDV açısından geçerli olan uygulama, beyan dönemi birer aylık süreler olması dolayısıyla, ücret tahsil edilse de edilmese de aylık olarak fatura kesileceği ve KDV doğacağı şeklindedir. Ancak KDV açısından vergiyi doğuran olay, hizmetin ifası ile gerçekleşmektedir. Özel okullarda hizmet süresi eğitim yılıdır ve öğrenci velileri ile okul yönetimi arasında yapılan sözleşmelerde de eğitim yılı temel alınmaktadır. Dolayısıyla hizmet ifası eğitim yılının sona ermesiyle tamamlanmaktadır. Bu durumda, hizmet ifası hala devam ederken, aylık olarak KDV doğacağının kabul edilmesi kanuna aykırıdır. 1998 yılına kadar uygulama KDV'nin eğitim yılı sonunda doğduğunun kabul edilmesi şeklindeyken, o tarihte Maliye'nin görüş değiştirmesi hem kanunun aksi yönde uygulama yapılması sonucunu doğurmuş hem de özel okulları zor durumda bırakmıştır. Birçok özel öğretim kurumu cezalı tarhiyatla karşı karşıya kalmıştır.

Maliye Bakanlığı bu görüşünü verdiği özelgelerle belirtmiştir. Ancak bu konu da ayrı bir sorun teşkil etmektedir. Çünkü özel okulların vergilendirilmesi konusunda özellikle KDV açısından mevzuatta yer alan hükümler yetersiz kalmaktadır. İlgili kanunlarda açıklayıcı ve ihtiyaçlara tam olarak cevap veren hükümler bulunmamaktadır. Tebliğler, sirkülerler ile konular açıklanmaya çalışılmaktadır. Hatta bazı konularda uygulamalar tamamen özelgeler üzerinden yürütülmeye çalışılmakta ve bu durum ihtilaflara neden olmaktadır. Bunun sonucunda yapılan yanlış uygulamalar, özel okulları zor durumda bırakmasına ek olarak yargının yükünü de artırmaktadır. Kanun koyucunun bu durumlara imkan vermemesi ve öngörülen konularda kanuni düzenlemeler yapması gerekmektedir. Ayrıca

Anayasa'nın 73'üncü maddesine göre, vergiler kanunla konulur, değiştirilir ve kaldırılır. Bu durum verginin yasallığı ilkesi olarak adlandırılır ve vergilere ilişkin düzenlemeler gerek şekil, gerek maddi anlamda kanunla yapılmalıdır. Ancak burada işlemlerin özelge, tebliğ ve sirküler aracılığıyla yapılması verginin yasallığı ilkesinin de ihlali anlamına gelmektedir.

Özel Öğretim Kurumları Kanunu'na göre, okullarda yöneticilik ve eğitim öğretim hizmeti yapanlara kıdemlerine göre dengi resmi okullarda ödenen tutarlardan az olmamak üzere sosyal yardım kapsamında ek ödeme yapılır ve bu ödemeler gelir vergisinden istisnadır. Uygulama, özel okul yönetici ve personeline yönelik yerinde bir uygulamadır ancak istisna sadece özel okullar için geçerlidir ve diğer özel öğretim kurumları istisna kapsamı dışında bırakılmıştır. Bu durum vergide eşitlik ilkesiyle çelişmektedir. Dolayısıyla eşitlik sağlanabilmesi için böyle bir düzenlemenin diğer kurumları (dershaneler vb.) da kapsayacak şekilde genişletilmesi yerinde olacaktır.

Emlak Vergisi Kanunu'nda azınlık ve cemaatler tarafından açılan özel okullara yönelik muafiyet hükmü bulunmaktadır. Bu durum eşitlik ilkesine aykırıdır. Çünkü anılan okullar, diğer kurumlar karşısında ayrıcalıklı konuma getirilmiş ve giderlerinde azalma sağlanmıştır. Geri kalan okulların ise emlak vergisi ödemek suretiyle maliyetleri artırılmaktadır. Bu durum elbette öğrenci ücretlerine yansıtılacaktır. Dolayısıyla yoğun rekabetin hakim olduğu günümüz şartlarında azınlıklara ait olmayan okullar, rekabette bir adın geri kalmaktadır. Bu nedenle, diğer okullar için de geçerli olacak, daha kapsamlı bir düzenlemenin yapılması gerekmektedir.

Çalışmanın en başından sonuna kadar vurgulanan, eğitimin önemli ve özellikli bir konu olmasıdır. Eğitim konusunun bu derece önemli olması özel öğretimi de ayrıcalıklı kılmaktadır. Bu nedenle devlet özel öğretime gereken desteği vermeli, yapacağı düzenlemelerle özel okulları teşvik etmelidir. Ayrıca, toplum nezdinde özel okullara karşı oluşan önyargıların yıkılması gerekmektedir. Bu kurumların önemini önce devlet anlamalı, sonra millete anlatabilmelidir.

Çalışmanın ikinci bölümü kapsamında, özel okullar için geçerli olan vergi uygulamalarına yer verilmiş ve özellikli noktalar ayrıntılı olarak açıklanmıştır. Tespit edilen sorunlara da yukarıda çözüm önerileri sunulmuştur.

Üçüncü bölümde ise, Kayseri'de faaliyet gösteren X Özel Okulları'nın muhasebe uygulamalarına yer verilmiştir. 1 Temmuzda başlayıp 30 Haziranda sona eren özel hesap dönemi kullanılması, KDV'nin aylık olarak beyan edilmesi dolayısıyla tahsilattan bağımsız olarak fatura düzenlenmesi, peşin tahsil edilen eğitim ücretlerinin "340 Alınan Avanslar" hesabında izlenerek "120 Alıcılar" hesabının yeni dönemle birlikte kullanılmaya başlanması, özel hesap dönemi kullanılmasının bir sonucu olarak geçici vergi beyan ve ödeme dönemlerinin farklılaşması, eğitim tazminatı ve öğretim yılına hazırlık ödeneği ile bu ödemelerin vergilendirilmesi gibi uygulamalar özel okul işletmeleri için özellikli konulardır ve bu sayılan konular üçüncü bölün kapsamında ve X Özel Okullarında alınan bilgi ve kayıtlar çerçevesinde ayrı ayrı açıklanmıştır.

Eğitim üzerinde hassasiyetle durulması gereken bir konudur ve özel okullar, eğitim alanında önemli bir yere sahiptir. Özel öğretimin önemi kavranmalı ve ona göre hareket edilmelidir. Devlet, özel okullaşma oranını artırmak için daha etkili yollar bulmalı ve özel öğretimi teşvik etmelidir. Ayrıca var olan sorunlara en kısa zamanda çözümler getirilmeli, ve bunu yaparken özel okul sahipleri, yöneticileri hatta çocuğunu özel okullara gönderen öğrenci velileri sürece dahil edilmeli ve onların da görüşüne başvurulmalıdır.

KAYNAKLAR

Acar, F. (2000). "Eğitim Hizmetlerinin Vergilendirilmesinde Özellik Arz Eden Hususların Vergi Mevzuatı Açısından Değerlendirilmesi". *Vergi Sorunları, 140,* 56-63.

Akalın, Güneri (2000). *Kamu Ekonomisi.* Ankara: Akçağ Yayınları.

Akdoğan, Abdurrahman (2006). *Kamu Maliyesi* (11. Baskı). Ankara: Gazi Kitabevi.

Akdoğan, N. Ve O. Sevilengül (2007). *Tek Düzen Muhasebe Sistemi Uygulaması* (12. Baskı). Ankara: Gazi Kitabevi.

Akın, E. (2005). "Özel Öğretim Kurumlarının Faaliyetine İlişkin Mevzuatımızdaki Düzenlemeler ve BU Kurumların Temel Vergisel Düzenlemeler Karşısındaki Durumları". *Yaklaşım, 146,* 52-58.

Akın, E. (2005). "Özel Öğretim Kurumlarının Faaliyetlerine İlişkin Mevzuatımızdaki Düzenlemeler ve Bu Kurumların Temel Vergisel Düzenlemeler Karşısındaki Durumları". *Yaklaşım, 146,* 52-58.

Akın, E., Küçük, Ş. (2005). Eğitim Kurumları. Web sayfası: http://www.turmob.org.tr/TurmobWeb/EKutuphane/EKIcerikDetay.aspx?enc=lEkNSf+wNjLFOjkNvPOuzVA/sS0PAAYvfEJZ5ZF0BGnzy1VnOWxziin+EhZH6j4a8/pUsNN7W3c= (Erişim Tarihi: Şubat 2012).

Akmaz, K. (2009). *Katma Değer Vergisinde İndirim Müessesesi.* Dokuz Eylül Üniversitesi Sosyal Bilimler Enstitüsü Maliye Anabilim Dalı. Yayımlanmamış Yüksek Lisans Tezi. İzmir.

Akyüz, Yahya (1999). *Türk Eğitim Tarihi* (7. Baskı). İstanbul: Alfa Basım Yayım Dağıtım.

Altıntop, S. (2006). *Türkiye'de Eğitime Yönelik Vergisel Teşviklerin İncelenmesi ve Değerlendirilmesi.* Gazi Üniversitesi Eğitim Bilimleri Enstitüsü İşletme Eğitimi Bilim Dalı. Yayımlanmamış Yüksek Lisans Tezi. Ankara.

Arslan, Mehmet. (2012). *Türk Vergi Sistemi* (5. Basım). Ankara: Nobel Akademik Yayıncılık.

Ata, M. K. (2006). *Özel Öğretim Kurumlarının Kuruluşu, İşleyişi ve Denetimi.* Marmara Üniversitesi Sosyal Bilimler Enstitüsü Hukuk Anabilim Dalı. Yayımlanmamış Yüksek Lisans Tezi. İstanbul.

Aygün, F. (2004). "Özel Okul, Dershane, Sürücü Kursu ve Yabancı Dil Kursu Gibi Özel Öğretim Kurumlarının Bedelsiz Verdikleri Eğitim Hizmetleri ve Bu Hizmetlerin Vergi Kanunları Karşısındaki Durumu". *Vergi Sorunları, 190,* 7-14.

Aygün, F. (2004). "Vakıf Üniversitelerinin Kurumlar Vergisi ve Katma Değer Vergisi Karşısındaki Durumu". *Yaklaşım, 133.*

Aygün, F. (2005). "Eğitim-Öğretim İşletmelerinde ve Rehabilitasyon Merkezlerinde Süreli Kazanç İstisnası". *Yaklaşım, 145,* 71-76.

Aygün, F. (2005). "Özel Eğitim-Öğretim Kurumlarında KDV Oranının İndirilmesi Sonucu Fazla Tahsil Edilen KDV'nin İadesi". *Yaklaşım, 146,* 81-84.

Babacan, S., M. Kıraç ve İ. H. Ağaçkanlı, vd. (1991). *Dünden Bugüne Özel Öğretim Kurumları –I- Özel Okullar.* Ankara: Özel Öğretim Kurumları Genel Müdürlüğü Yayınları.

Baklaya, V. (2004). "Özel Öğretim Kurumlarında Öğrenci Ücret İndirimlerinin Muhasebeleştirilmesi". *Vergi Dünyası, 280,* 257-561.

Balcı, T. (2004). "Özel Okul İşletmelerinde Kazanç İstisnası". *Vergi Sorunları,192,* 114-117.

Başaran, İbrahim Ethem (1994). *Türkiye Eğitim Sistemi* (2. Baskı). Ankara.

Batırel, Ömer Faruk (2007). *Kamu Maliyesi ve Yönetimi*. İstanbul: İstanbul Ticaret Üniversitesi Yayınları.

Bayrakdar, B. (2005). "Özel Öğretim Kurumlarının (Özel Okul, Dershane, Kreş, Rehabilitasyon Merkezleri, Kurs vb.) Vergilendirilmesinde Özellik Arz Eden Durumlar". *Vergi Dünyası, 287,* 48-53.

Bekmez, S. Ve S. Evkuran (2010). "Türkiye'de eğitim ve Sağlık Hizmetlerinin Geleneksellik Endekslerinin Hesaplanması". *Tisk Akademi, 5 (10).* 89-111.

Budak, Tamer (2010). "Katma Değer Vergisi Kanunu: Kültür ve Eğitim İstisnası: Vakıf Üniversiteleri". *Ankara Üniversitesi Hukuk Fakültesi Dergisi, 59 (3),* 449-465.

Bulutoğlu, Kenan (2004). *Kamu Ekonomisine Giriş*. İstanbul: Batı Türkeli Yayıncılık.

Camkurt, M. Z. (2008). "Özel Öğretim Kurumlarında Görev Yapan Eğitim Personeline Ait İş Sözleşmelerinin Sona Ermesi ve Sonuçları". *Mali Çözüm, 89,* 237-252.

Civelek, M. ve A. Özkan (2006). *Maliyet ve Yönetim Muhasebesi* (4. Baskı). Ankara: Detay Yayıncılık.

Çabuk, Adem (2009). *Muhasebede Dönem Sonu İşlemleri* (4. Basım). Bursa: Dora Basım Yayın Dağıtım.

Çakmakçı, A. (2011). "Burs Kavramı ve İndirim ve İskonto Terimlerinin Hukuki Analizi II". *Yaklaşım, 225,* 124-131.

Çakmakçı, A. (2011). "Vakıf Üniversitelerinin Katma Değer Vergisi Karşısındaki Durumu I". *Yaklaşım, 218,* 143-147.

Çakmakçı, A. (2011). "Vakıf Üniversitelerinin Katma Değer Vergisi Karşısındaki Durumu II;". *Yaklaşım, 219,* 157-161.

Çakmakçı, A. (2011). "Vakıf Üniversitelerinin Katma Değer Vergisi Karşısındaki Durumu III". Yaklaşım, 220, 1117-123.

Çalışkan, K. (2004). "5228 Sayılı Kanunla Gelir Vergisi Kanununda Yapılan Değişiklikler". *Vergi Dünyası, 276,* 63-67.

Çankaya, İslam (1998). *Dönem Karının Vergilendirilmesi Dağıtımı-Muhasebesi* (4. Basım). Ankara: Meslek Yapıtları.

Çelik, Y. (2006). *Özel Okulların Türk Eğitim Sistemine Ekonomik Katkılarının Değerlendirilmesi.* Gazi Üniversitesi Eğitim Bilimleri

Enstitüsü Eğitim Yönetimi ve Denetimi Bilim Dalı. Yayımlanmamış Yüksek Lisans Tezi. Ankara.

Çiftçi, Ahmet (1995). *Türk Eğitim Hukuku* (2. Basım). Ankara.

Değer, Nuri (2011). *Açıklamalı ve Uygulamalı Katma Değer Vergisi Kanunu* (4. Baskı). Ankara: Yaklaşım Yayıncılık.

Demirel, Ö. ve Kaya, Z. (2008). Eğitimle İlgili Temel Kavramlar, s. 1-22. *In:* Eğtim Bilimlerine Giriş (Eds: Ö. Demirel, Z. Kaya). Pegem Akademi Yayıncılık, Ankara.

Devrim, Fevzi (2002). *Kamu Maliyesine Giriş* (4. Baskı). İzmir: İlkem Ofset.

Doğan, H. Ve H. Yalçın. (2008). *Vergi Uygulamaları Soru ve Cevaplar.* İstanbul: Uygulama Yayınları.

Doğrusöz, A. Bumin (2007). *5520 Sayılı Kurumlar Vergisi Kanunu Şerhi.* İstanbul: İSMMO Yayınları.

Durmuş, Mustafa (2008). *Kamu Ekonomisi.* Ankara: Gazi Kitabevi.

Erginay, Akif (1994). *Kamu Maliyesi* (15. Baskı). Ankara: Savaş Yayınları.

EURYDICE Türkiye Birimi (2007), *Türk Eğitim Sistemi 2007.* Ankara: Milli Eğitim Bakanlığı Strateji Geliştirme Başkanlığı Yayınları.

Gelirler Kontrolörleri Derneği (2006). *Gelir Vergisi Rehberi* (6. Baskı). Ankara: Gelirler Kontrolörleri Derneği Yayınları.

Gençyürek, L. (2004). "Özel Okul Kazançlarına Vergi İstisnası". *Yaklaşım, 142,* 58-64.

Gençyürek, L. (2004). "Özel Okul Kazançlarına Vergi İstisnası". *Yaklaşım, 142,* 58-64.

Göker, Z. (2008). "Kamusal Mallar Tanımında Farklı Görüşler". *Maliye Dergisi, 155*, 108-118.

Gülbenk, Lütfi (2015). Özel Okullarda Eğitime Hazırlık Ödeneği Ödenmelidir. http://www.gulbenkmusavirlik.com/ozel-okullarda-e-itime-hazirlik-odene-i-odenmelidir-5807.html. Erişim Tarihi: 21.01.2016

Gümüşay, S. (2005). "Eğitim Öğretim İşletmeleri Kazanç İstisnası". *Vergi Sorunları, 206,* 92-97.

Gündüz, F. "Eğitim Tesisleri ve Rehabilitasyon Merkezlerine İlişkin Kurumlar Vergisi İstisnası". *Mali Çözüm, 82,* 173-177.

Güven Dershane Sahipleri Derneği (2002). *Özel Öğretim Kurumları Mevzuat Kılavuzu* (2. Baskı). Ankara:Güven-Der Yayınları.

Güzel, Ahmet (2009). *Katma Değer Vergisi Esasları – İade İşlemleri – İstisnalar.* Ankara: Gazi Kitabevi.

Güzel, B. Ve H. Sivrikaya (2005). "Eğitim Öğretim Hizmetlerinde Kazanç İstisnası ve Özellik Arz Eden Durumlar". *Vergi Sorunları, 196,* 23-32.

Hoşgörür, V., (2008). Eğitimin Toplumsal Temelleri, s. 131-160. *In:* Eğtim Bilimlerine Giriş (Eds: Ö. Demirel, Z. Kaya). Pegem Akademi Yayıncılık, Ankara.

İstanbul Ticaret Odası (2006). *Özel Öğretim Kurumlarının Problemleri ve Çözüm Yolları.* İstanbul: İTO Yayınları.

Karabulut, S. (1996). *Eğitim Sistemimiz İçerisinde başarılı Özel Eğitim Kurumlarının Model Yapısı, İşleyişi ve Uygulamaları Üzerine Bir Araştırma.* Sakarya Üniversitesi Sosyal Bilimler Enstitüsü İşletme Anabilim Dalı. Yayımlanmamış Yüksek Lisans Tezi. Sakarya.

Karadeniz, S. (2004). "5228 Sayılı Kanun İle Getirilen Kurumlar Vergisi İstisnaları". *Yaklaşım, 142,* 79-85.

Kartal, Z. (2008). "Özel Öğretim Kurumlarında KDV İstisnası". *Vergi Dünyası, 320,* 62-66.

Kavak, A. (2006). "5520 Sayılı Kurumlar Vergisi Kanununda Yer Alan İstisnalar İle Diğer Yasalarda Yer Alan İstisnalar". *Mali Çözüm, 76,* 103-114.

Kavak, Ahmet (2010). *Açıklamalı Kurumlar Vergisi Kanunu.* İstanbul: Anadolu Yayıncılık.

Kıcalı, İ. (2001). "Özel Okullarda Verilen Hizmetler İçin Geçerli KDV Oranları". *Vergi Dünyası, 238,* 113-116.

Kızılot, Ş. (1996). *Vergi Uyuşmazlıklarıyla İlgili Danıştay Kararları ve Muktezalar.* Ankara: Yaklaşım Yayıncılık.

Kızılot, Ş. (1998). *Vergi Uyuşmazlıklarıyla İlgili Danıştay Kararları ve Muktezalar.* Ankara: Yaklaşım Yayıncılık.

Kızılot, Ş. (2008). *Vergi Uyuşmazlıklarıyla İlgili Danıştay Kararları ve Muktezalar.* Ankara: Yaklaşım Yayıncılık.

Kızılot, Şükrü (1996). *Gelir Vergisi Kanunu ve Uygulaması.* Ankara: Yaklaşım Yayıncılık.

Kızılot, Şükrü (2010). *Açıklamalı ve İçtihatlı Katma Değer Vergisi Kanunu ve Uygulaması* (4. Baskı). Ankara: Yaklaşım Yayıncılık.

Kumkale, Rüknettin (2005). *Tek Düzen Hesap Planı* (2. Baskı). Ankara: Seçkin Yayıncılık.

Kurt, R. (2001). "Özel Öğretim Kurumlarında Ödenen Eğitim-Öğretim Tazminatının Vergi Kesintisine ve Sosyal Sigorta Primine Tabi Olup Olmadığı". *Yaklaşım, 108,* 213-216.

Kurt, R. (2010). Özel Öğretim Kurumlar Kanunu'na Göre İstisnalar. Web sayfası: http://www.gaziantepsmmmo.org/main.php?p=kose_yazisi&id=37 (Erişim tarihi: Mart 2012).

Küçük, Muzaffer (2011). *2010 Yılı Kurum Kazançlarının Vergilendirilmesi ve Beyanname Düzenleme Kılavuzu.* Ankara: Yaklaşım Yayıncılık.

Küçük, Ş. (2008). "Ücretsiz Okutulan Öğrenciler". *Yaklaşım, 181,* 43-47.

Maç, Mehmet (2001). "Özel Okul Ücretleri İle Yurt, Yemek, Servis Bedellerinin KDV Karşısındaki Durumu". *Mükellefin Dergisi, 102.*

Web sayfası: http://www.bdo.com.tr/vergi/yazar.php?id=2&y=Mehmet%20MA. (Erişim tarihi: Ocak 2012).

Maç, Mehmet (2012). *KDV Uygulaması.* Web sayfası: http://www.bdo.com.tr/vergi/kdv.php. (Erişim tarihi: Ocak 2012).

Milli Eğitim İstatistikleri 2011-2012, MEB Strateji Geliştirme Başkanlığı, http://sgb.meb.gov.tr/istatistik/index.htm, (Erişim Tarihi:16.04.2012).

Nadaroğlu, Halil (1998). *Kamu Maliyesi Teorisi* (10. Baskı). İstanbul: Beta Basım Yayım Dağıtım.

Nemli, Arif (1996). *Kamu Maliyesine Giriş* (4. Baskı). İstanbul: Filiz Kitabevi

Oktar, Kemal (2009). *KDV İstisnalar ve İadeler* (9. Baskı). Ankara: Savaş Yayınevi.

Oktar, Kemal (2011). *60 Sıra No'lu Sirkülerde KDV Uygulamasına İlişkin Açıklamalar.* Ankara: Ankara Serbest Muhasebeci Mali Müşavirler Odası Yayınları.

Olgun, B., E. Çelen ve L. Demirdağ vd. (2001). *Turizm ve Hizmet İşletmelerinde Muhasebe ve Vergi Uygulamaları Eğitim Semineri Notlar Ocak/2002.* İstanbul: İSMMMO Yayınları.

Oruç, . (2011). "Türk Vergi Hukukunda Vergiyi Doğuran Olay". *Vergi Dünyası, 362,* 128-142.

Ozansoy, Ahmet (2009). *Türk Vergi Hukukunda Eğitimin Vergilendirilmesi.* Ankara: Yaklaşım Yayıncılık.

Öner, M. Y. (2005). "Eğitim ve Öğretim Kurumları ile Rehabilitasyon Merkezlerinde Vergi İstisnası". *Vergi Sorunları, 200,* 29-34.

Öz, E. ve S. Buyrukoğlu (2011). "Türk Eğitim Sisteminde Vergileme: Denizli İlinde Bir Uygulama". *Sosyo Ekonomi, 2011-1,* 75-99.

Öz, N. S. (2006). *Gelir Vergisinde Vergiyi Doğuran Olay Elde Etme.* Ankara: Maliye ve Hukuk Yayınları.

Özbalcı, Yılmaz (2007). *Gelir Vergisi Kanunu Yorum ve Açıklamalar.* Ankara: Oluş Yayıncılık.

Özbalcı, Yılmaz (2008). *5520 Sayılı Kurumlar Vergisi Kanunu Yorum ve Açıklamaları.* Ankara: Oluş Yayıncılık.

Özbalcı, Yılmaz (2010). *Katma Değer Vergisi Kanunu Yorum ve Açıklamaları.* Ankara: Oluş Yayıncılık.

Özdemir, C. S. (2008). "Özel Öğretim Kurumlarına Tabi Öğretmenlerin İş Sözleşmelerinin Niteliği". *Yaklaşım, 184,* 202-205.

Özelgeler:

- Maliye Bakanlığı'nın 14.10.1991 tarih ve 73836 sayılı özelgesi.
- Maliye Bakanlığı'nın 23.01.2005 tarih ve B.07.0.GEL.0.29/2921-229-433-26114 sayılı özelgesi
- Maliye Bakanlığı'nın 02.11.2000 tarih ve B.07.0.GEL.0.54/5410-243 sayılı özelgesi.

- Maliye Bakanlığı'nın 23.01.2005 tarih ve B.07.0.GEL.0.29/2921-229-433-26114 sayılı özelgesi.
- İstanbul Vergi Dairesi Başkanlığı'nın 15.12.2006 tarih ve GİB.4.34.17.01.9631 sayılı özelgesi.
- Maliye Bakanlığı'nın 12.05.2010 tarih ve B.07.1.GİB.4.46.15.01 B.07.1.GİB.4.46.15.0-2 sayılı özelgesi.
- Maliye Bakanlığı'nın 17.09.2002 tarih ve B.07.0.GEL.0.55/5528-1924/38210 sayılı özelgesi.
- Maliye Bakanlığı'nın 06.01.2000 tarih ve B.07.0.GEL.0.55/5528-1641/26299 sayılı özelgesi.
- Maliye Bakanlığı'nın 17.08.2001 tarih ve 3944 sayılı özelgesi.
- Maliye Bakanlığı'nın 21.04.2009 tarih ve B.07.1.GİB.0.03.55/5517-2148 sayılı özelgesi.
- Maliye Bakanlığı'nın 28.05.1197 tarih ve B.07.0.GEL.0.53-5320-237/221127 sayılı özelgesi.

Özkan, H. H. (2006). "Popüler Kültür ve Eğitim". *Kastamonu Eğitim Dergisi, 14 (1)*, 29-38.

Özmen, Mehmet Akif (2007). *5520 Sayılı Kurumlar Vergisi Kanunu.* Ankara: Yaklaşım Yayıncılık.

Öztürk, N. (2005). "İktisadi Kalkınmada Eğitimin Rolü". *Sosyo Ekonomi, 2005-1,* s. 27-44.

Sezgin, A. R., A. Baştürk ve O. N. Demirel, vd. (2001). *2002 Yılı Başında Milli Eğitim.* Ankara: Milli Eğitim Bakanlığı Araştırma, Planlama ve Koordinasyon Kurulu Başkanlığı Yayınları.

Soylu, T. (2009). "Özel Eğitim Kurumlarında Öğrencilere Ücretsiz Eğitim Verilmesinin Gelir/Kurumlar Vergisi Açısından Değerlendirilmesi". *Vergi Dünyası, 338,* 109-110.

Sönmez M. ve H. Korucu. (2000). "Özel Eğitim Kurumlarında Çalışan Öğretmenlere Ödenen Eğitim-Öğretim Tazminatının Niteliği ve Vergisel Boyutu". *Yaklaşım, 93,* 177-179.

Söyler, İ. (2008). "Eğitim Hizmetleri Bağlamında Vakıf Üniversitelerinin Finansal ve Vergisel Sorunları". *Maliye Dergisi, 154,* 52-76.

Subaşı, B. ve A. Dinler. (2003). *Türkiye'de ve Dünyada Özel Okullar.* İstanbul: İstanbul Ticaret Odası Yayınları.

Şakar, A. Y. (2010). "Eğitim Hizmetlerinde Kredi Kartıyla Yapılan Satışlarda KDV Uygulaması". *Yaklaşım, 209,* 140-147.

Şakar, A. Y., (2011). Vakıf Üniversitelerine Uygulanan Ayrımcılık: Katma Değer Vergisi Mükellefiyeti. *In:* Prof. Dr. Sadık Kırbaş'a Armağan Kitap (Eds: M. Koçak, S. Teker). Okan Üniversitesi Yayınevi, İstanbul.

Şenal, M. ve A. Tezcan. (2004). "Bazı Kanunlarda ve 178 Sayılı Kanun Hükmünde Kararname'de Değişiklik Yapılması Hakkındaki Kanun ile Yapılan Değişiklikler". *Yaklaşım, 140,* 51-65.

Şener, Orhan (2006). *Kamu Ekonomisi* (8. Baskı). İstanbul: Beta Basım Yayım Dağıtım.

Şenyüz, D., A. Gerçek ve M. Yüce. (2008). *Türk Vergi Sistemi* (1. Baskı). Ankara: Yaklaşım Yayıncılık.

Şenyüz, Doğan (2007). *Açıklama ve Yorumlu 5520 Sayılı Kurumlar Vergisi Kanunu.* Ankara: Yaklaşım Yayıncılık.

Şimşek, İ. (2010). "Özel Okullarda Bedelsiz Öğrenci Okutulması: Kurumlar Vergisi ve Katma Değer Vergisi Karşısındaki Durum ve Muhasebeleştirilmesi I". *Yaklaşım, 215,* 169-173.

Şimşek, İ. (2010). "Özel Okullarda Bedelsiz Öğrenci Okutulması: Kurumlar Vergisi ve Katma Değer Vergisi Karşısındaki Durum ve Muhasebeleştirilmesi II". *Yaklaşım, 216,* 172-177.

Şişman, Mehmet (2006). *Eğitim Bilimine Giriş* (2. Baskı). Ankara: Pegem A. Yayıncılık.

Taşar, C., A. Kuzucu ve Topal E. vd. (2006). 275-302. *In*: AB Vizyonu, Türkiye'de Eğitim ve Özel Okullar (Eds: İ. Erdoğan). Türkiye Özel Okullar Birliği Derneği, İstanbul.

Taytak, M. (2007). *Türkiye'de Özel Okul Öncesi Eğitim, İlköğretim ve Ortaöğretim Kurumlarının Vergiler ve Vergi Teşvikleri Karşısındaki Konumu (Ege Bölgesi Uygulama Sonuçları).* Afyonkarahisar Kocatepe Üniversitesi Sosyal Bilimler Enstitüsü Maliye Anabilim Dalı. Yayımlanmamış Yüksek Lisans Tezi. Afyonkarahisar.

Tekin, Cem (2009). *Kurumlar Vergisi Rehberi.* İstanbul: Kurtiş Matbaacılık.

Tekin, Cem ve E. Kartaloğlu (2007). *Kurumlar Vergisi Kanunu.* Ankara: Maliye ve Hukuk Yayınları.

Tolu, A. (2001). "Özel Okullar Tarafından Verilen Pansiyon, Yemek ve Servis Hizmetlerinde Uygulanacak KDV Oranı". *Yaklaşım, 101,* 262-264.

Topçu, F. (2007). *Türk Eğitim Sisteminin Tarihsel Gelişimi İle Yabancı Okulların Bu Sistem Üzerindeki Etkileri.* Beykent Üniversitesi Sosyal Bilimler Enstitüsü İşletme Yönetimi Anabilim Dalı. Yayımlanmamış Yüksek Lisans Tezi. İstanbul.

Tosuner, M. Ve Z. Arıkan. (2007). *Türk Vergi Sistemi* (12. Baskı). İzmir: İlkem Yayıncılık.

Tural, N. K. (2002). *Eğitim Finansmanı.* Ankara: Anı Yayıncılık.

Türk, E. ve M. Katırcı. (2010). *Cumhuriyet Döneminde Türk Milli Eğitim Sistemindeki Gelişmeler.* Ankara: Milli Eğitim Bakanlığı Strateji Geliştirme Başkanlığı Yayınları.

Türk, Ercan (1999). *Milli Eğitim Bakanlığı'nda Yapısal Değişmeler ve Türk Eğitim Sistemi.* Ankara: Nobel Yayın Dağıtım.

Uygun, S. (2003). "Türkiye'de Dünden Bugüne Özel Okullara Bir Bakış (Gelişim ve Etkileri)". *Ankara Üniversitesi Eğitim Bilimleri Fakültesi Dergisi, 36 (1-2),* 107-120.

Uysal, A. ve N. Eroğlu (2008). *Açıklamalı ve Örnekli Kurumlar Vergisi Kanunu* (2. Baskı). Ankara: Sözkesen Yayıncılık.

Ürel, Gürol (2009). *Yeni Kurumlar Vergisi Kanunu Uygulaması.* Ankara: Maliye ve Hukuk Yayınları.

Ürol, G. (2003). "Özel Eğitim ve Öğretim Kurumlarında Vergilendirme". *Mükellefin Dergisi, 132,* 41-49.

Vural, İrfan (2009). *Yorum ve Açıklamalarla Kurumlar Vergisi Kanunu* (1. Baskı). Ankara: Gelirler Kontrolörleri Derneği Yayını.

Yalçın, Hasan (2000). *Ticari Kazanç ve Kurum Kazancının Tespitinde Giderler* (1. Baskı). İstanbul: Kılavuz Yayınları.

Yeniad, M. (2006). *Uzaktan Eğitimde Kullanılmak Üzere Web Tabanlı Bir Portal Yazılımı Geliştirme.* Çukurova Üniversitesi Sosyal Bilimler Enstitüsü Bilgisayar ve Öğretim Teknolojileri Eğitimi Anabilim Dalı. Yayımlanmamış Yüksek Lisans Tezi. Adana.

Yıldız, A. Murat (2011). *Dönem Sonu İşlemlerinin Vergisel Boyutu.* Kayseri: Kayseri SMMMO Yayınları.

Yılmazcan, D. (1997). "Okul, Dershane ve Kurslardaki Eğitim ve Öğretimde KDV". *Yaklaşım, 51,* 59-64.

Yontan, Masis (2001). *Ticaret İşletmeleri Muhasebe ve Vergi Uygulamaları Eğitim Semineri Notları Ocak/2002.* İstanbul: İSMMMO Yayınları.

FSC
www.fsc.org
MIX
Papier | Fördert
gute Waldnutzung
FSC® C083411

Kolibri 360 GmbH
Ferdinand-Jühlke-Straße 7
99095 Erfurt, Deutschland
produktsicherheit@kolibri360.de

Druck:
CPI Druckdienstleistungen GmbH
im Auftrag der
Kolibri 360 GmbH
Ferdinand-Jühlke-Str. 7
99095 Erfurt